人生が変わる!

開運の作法

清水祐尭

現代書林

はじめに～知らないうちに幸運を逃していませんか？～

世の中には運のいい人と悪い人がいます。

どうして人によって、運の良し悪しに違いがあるのか、不思議に感じたことはありませんか？

この本を手にとっていただいたあなたは、きっと運をよくする方法に興味がある方でしょう。

私は運のいい人と運の悪い人の行動に着目し、数千人以上を観察して、「運」の研究をしました。そして、きわめてかんたんな方法で運をよくすることができることを発見したのです。

どのようにすれば運がよくなるのかをご説明する前に、あなたが運のいい人か悪い人かがわかるチェックリストをつくってみたので、ぜひやってみてください。

□靴のかかとを踏むクセがある。かかとのない靴をよく履く。
□黒やグレーの服を好んで着る。
□よけいな電灯はつけない。
□食事や飲みものなどを残すことがよくある。
□風水グッズを集めている。
□電車の優先席に座ることがある。
□ワリカンの際に1万円札を出すことがある。
□ドアの開け閉めなど音をたててしまう。足音がうるさいと言われる。

いかがでしたでしょうか?
どれも何気なくやってしまっていることではないでしょうか?
実はこれが、運の悪い人に共通する行動なのです。

私が最初に「運」というものを意識するようになったのは、会社に勤めて営業の仕事をしていた頃のことです。

営業というのは、たくさん訪問すれば成果が上がるというものではありません。

訪問しても担当者が不在だったりすることもあれば、話すら聞いていただけないようなこともあります。

ちなみに私は、「自分は運がいいな」と、なんとなく思っていました。営業に行くと、ちょうど担当者が戻ってきたところだったしか、商品に興味のある人と出会えるとか、とにかく間がよくて、いいご縁に恵まれるのです。

その一方で、なぜか間が悪く、しょっちゅう空振りしてしまう同僚がいました。同じように努力しているのに、ツイていないのです。いろいろ考えてみて、これはやはり運が関係しているとしかいいようがない、と思っていたのです。

私は、営業職の後、脱サラをし、施術院を開業しました。通ってくださる患者さんの身体の調子はもとより、その方の持っている「運」についてもやはり興味がありました。

私は施術院の傍ら、「何が運を左右しているのだろうか」と考え、運がいい人と悪い人の行動や、その人が持っているエネルギーの流れなどを観察して統計を取ってみたり、本などで勉強するようになりました。

ある日、ふと気づいたのです。

運がよくなる秘訣というものが〝ある！〟と。

しかも、それは「特別な秘策」などではなく、むしろ何気ない毎日の行い、「作法」とその人を取り巻くエネルギーによって決まってしまう、ということがわかってきたのです。

運がよくならない作法というのは、たとえるなら先ほどのチェックリストにあるような行いをしてしまっている場合です。

知らず知らずにくり返していることで、その人を取り巻くエネルギーの状態がどんどん悪化し、運の悪い人、いわゆる「ツイてない人」になってしまっているのです。

運の悪い人に限って、何も意識せずに悪い作法をくり返し、ますますエネルギー状態を悪くしていることが多いのです。それでは、わざわざ悪運を招いているようなものです。

逆に、運のいい人は、ふだんからよい作法をくり返しているため、エネルギーの状態がよく、「ツイてる人」になるというわけです。


では、運をよくする「作法」とは、どんなものなのでしょうか？

その前に、これからお話をさせていただくなかで、大切なキーワードがあります。

そのキーワードとは先ほどから使っている「エネルギー」という言葉です。

ここでいうエネルギーは、気功でいうところの自分から出る氣のようなものでもあり、その他に古来より信じられている目に見えない力のことでもあります。

たとえば、大地のエネルギーや、生命のエネルギー、言葉が発するエネルギーなどがそうです。


さて、私が何千人も観察して発見した、何気ない毎日の行いで運を開くこの方法を、運を開くための作法なので、「開運の作法」と名づけました。

作法というと、マナーとか礼儀作法などを連想すると思いますが、運にも作法はつきものです。ちょっとした動作や身のこなしもそうですが、心がけておくべきこと、いわゆる心得も開運の作法です。

本書で紹介する開運の作法は、私をはじめとする多くの方が実践され、運を開くことができたという、それらのデータに基づいています。

開運の作法をはじめると、それまで滞っていた自身を取り巻くエネルギーが、スムーズに、勢いをもって流れはじめます。

運とエネルギーは密接な関係があり、それはあとでご説明するとして、たとえるなら、嵐のときの濁流ではなく、清らかな清流となって穏やかにしっかりと流れていく情景の様でもあります。

内側から力があふれ出し、どんなことでもチャレンジできそうな、明るく前向きな気分というのは、清らかなエネルギーから生まれてくるのです。

これまで自分のことを「運が悪い」と決めつけてしまっていたあなた。

何をやっても空回りしてしまい、どうすればいいのか途方に暮れているあなた。

この本を手に取ったということは、「運」がむいている証拠です。
本書にある開運の作法を、どれかひとつでもいいので試してみませんか？

そして何も考えずに自然と振舞える開運の作法を身に付けてください。

さらに、毎日行う開運の作法を徐々に増やしていくうちに、ふと気づいたら、明るい自分になっていた。自分が大好きになっていた。そして毎日、いいことばかりが起きるようになった。

そんな実感を抱いていただけたなら、これ以上の幸せはありません。

２０２０年７月

清水祐兗

※本書は２０１３年に刊行した『開運の作法』に新たな作法を追加した改訂版です。

contents

Part 1

ちょっとした動作や身のこなしが運を引き寄せる
開運の作法・初級編

Part 2

幸運な人になれるチャンスはたくさんある
開運の作法・中級編

Part 3

強運を引き寄せるために知っておきたいこと

開運の作法・上級編

Part 1

ちょっとした動作や
身のこなしが運を引き寄せる

開運の作法

―初級編―

運がいい人には「理由《わけ》」があった！

思うように事が運ばない人というのは、たいてい「私は運が悪いなぁ」と実感しているものではないでしょうか。

逆に、誰が見ても明らかに運のいい人は、それほど「私は運がいい！」とは思っていないようです。むしろ、それが普通のことなので、自然の流れとして受けとめているのではないでしょうか。

実はここにひとつの真理があるのです。

よく「気をつけていってらっしゃい」と相手を送り出します。また、「あの人は気配りのできる人だ」などといいます。

これらの**「気をつける、気を配る」**とは、**「よい気をたくさんつけて、悪いことを遠ざけるように」「周囲の人によいエネルギーを配ることのできる人」ということに尽きる**かと思います。

これらを自然に行える人は、開運の作法が無意識のうちにできています。
私は施術院に通っていただく患者さんの症状はもとより、所作のチェックもしています。患者さんのよりよい施術のためでもあるのですが、その方の所作が引き起こす症状と「運」の状態が、いろいろな角度から見てみると、非常に関連性があり、ちょっとしたアドバイスで、その症状が和らぐことがあるからなのです。

主に見ているのは、靴の脱ぎ方やドアの開閉、カルテに名前を書く際の丁寧さ、支払いの仕方など。また、表情や声のトーン、ときには眉毛の状態も観察しています。

これらをはじめとする所作を自然と行える人は、自分に常にいい運が向いてくる「作法」を行える人であり、自分に対して常にいい気を巡らせている人ということなのです。

気持ちのいい所作をしている方の話になりますが、肩こりや腰痛の悩みで来院された美容師さんからは、当院の施術を受けるようになってから、お客さまが増えたというお話を伺いました。

また、宮大工さんに材木を卸している木材商の方は、寺社の建築に使う良質な木材を日本全国飛びまわって探していますが、私の施術を受けてから材木の買い付けに行くと、必

氏名
山田花子
失礼します

ずといっていいほど良質な木材に出会い、買い付けがスムーズにいく、という「運」を持っていたのです。

これらのことから見えてくること。それは、やはり運には、流れというものがあり、その流れが大きく関わっている、ということがわかったのです。

「運」は、待っているだけでは、つかむことができません。

まずは、自分の身の回りにある運を引き寄せることが必要であり、ちょっとした所作を変え、作法を行うだけで、いつもそばにあるものに変わるのです。

さあ、まずは毎日できることから、はじめてみてください。

朝を気持ちよく過ごすと、その日の運がよくなる

朝、どのように過ごすかは、その一日に大きく影響します。

朝から気分がいいと一日中、何もかもうまくいくというようなことがよくありますよね。

これは、朝イチバンにエネルギーの状態をよい方にスイッチした作法のひとつです。

特に出がけは肝心です。家というオフを過ごす空間から、世間というオンの場所に出て行くのですから。

「今日は、なぜかツイてるな」と感じた日のことを思い出してみてください。

朝から「おはよう」と気持ちよく挨拶をして、旦那さんのためにいれたコーヒーも、にっこり笑って差し出した。

旦那さんもすっかりご機嫌になるから、出がけも「いってらっしゃい、気をつけてね！」

「ああ、気をつけていってくるよ」と、いい雰囲気。

そんな日は、なぜかいいことがありそうな気がしてくるものだし、実際に嬉しいことが

あったのではないでしょうか。

その反対に、出がけの作法が悪かった日のことを思い出してみましょう。

実は私も、朝の作法が悪いまま仕事に出かけたことがありました。そんな日は、施術院の予約が、あまり入らなかったのです。

そういう日のイライラすることといったらありません。

何かの偶然じゃないか、と思うこともありました。

しかし、数カ月にわたって調べても、やはり同じ結果になるのです。

私は「どうやら仕事に多大な影響を与えるらしいな」ということに気づきました。

出がけはくれぐれも穏やかに、気持ちよく。

一日のはじまりの鉄則にしてください。

開運の作法

一日のはじまりは、おだやかに

靴のかかとを踏まないのが幸運を逃さないコツ

仲のいい友人に、いつもサンダル履きで私のところにやってくる同級生がいました。彼はいつも「もっと運気を上げたい」とつぶやくのです。

友人の所作を見ると、かかとから運気が漏れているのがわかりました。私は思わず「お前、かかとからどんどん運気が出ていってるよ！」と言っていました。

驚いた友人は、半信半疑ながら靴を履くようになったのですが、それからというもの、仕事が順調になっていったのです。

もっとも、もし靴を履いていたとしても、かかとを踏みつけて、サンダル履きのようにしていたら、運がよくなることはなかったでしょう。

かかとというのは、それくらい大切なところなのです。

同時に、かかと・足を守る靴も非常に大事です。靴はご先祖さまとつながっているといわれていて、靴の扱い方が悪いということは、ご先祖さまを大切に扱っていないということとになってしまうのです。

先の友人の例にもあるように、運の悪い人の所作を見てみると、どうも靴の扱い方がよくありません。

まず、靴はきちんと手を使って履き、脱ぐときも手を添えて脱ぐようにしましょう。そして、脱いだ靴はきれいに揃えます。靴の散らかった玄関に幸運はやってこないことは、風水でもよく言われていることです。

靴をきれいに磨いておくことも大切です。昔から「足元を見る」「足元を見られる」と言われるように、足元こそが「見られる場所」であり「運を左右する場所」なのです。ピカピカに磨き上げた靴を履いて、スーツをビシッと決めたときのほうが、商談成功の確率が高いはずです。

開運の作法

運のいい人は、靴の手入れも行き届いている

ゴミを拾うのは運を拾うこと

ある裕福なお医者さまと一緒に、神社に参拝に行ったときのことです。

参道を歩いていると、その方がしゃがんで何かを拾いました。

ふと見ると、それは、誰かが落とした紙のゴミ。

「近くにあるゴミ箱にでも捨てるのだろう」と思った私の横で、その方は、なんと自分のカバンにすっとゴミをしまったのです。

その様子を見て、私は大きな衝撃を受けました。

まるで自分が落としたハンカチを拾うようにさりげなくゴミを拾う姿。

「ゴミを見かけたら拾う」のが当たり前の習慣になっていることが伝わりました。

その姿勢の積み重ねが、この方の運のよさを築いていると、そのとき私は確信したのです。

ゴミをポイ捨てするのは「自分さえよければいい」という身勝手な心の表れです。

つまり、ゴミを捨てる人は自分の運をどんどん落としている。

開運の作法

ゴミを拾って、タダでいい運をもらいましょう

一方で、ゴミを拾うのは、そうして他の人が落とした運を拾うことなのです。

自分の会社のまわりだけでなく、エリア全体を毎朝、掃除する企業の業績が伸びているという話がニュースを騒がせます。

私は、これもゴミを拾うのと同じで、落ちている運を拾うことに関係しているのではないかと思うのです。

メジャーリーグで活躍中の大谷翔平選手は、グラウンドにゴミが落ちていると必ず拾うそうです。

ケガや故障にも負けず、大谷選手が活躍し続けられるのも、たくさんの運を拾っているからではないでしょうか。

爪の手入れをすると仕事の能力がアップする

世の中には仕事のできる人とできない人がいます。

もちろん、仕事のできる人のほうが、運がいい人、ツイてる人ということになります。

だから、誰だって仕事のできる人間になりたいと思いますよね。

本屋さんのビジネス書コーナーに行ってみると、どうすれば「デキるビジネスパーソン」になるかというノウハウ本がたくさん出ていますが、それらの本にも書かれていないことがあります。

それは「爪の手入れをすること」です。

「おかしなことを言っている」なんて思わないでください。

仕事ができない原因はいろいろあると思いますが、ひとことでいえば「ツメが甘い」のです。途中までうまくいっているのに最後でコケてしまう、ミスが出るというのは、どうしたって「ツメが甘い」というほかありません。

そういう人の爪を見てみると、ほぼまちがいなく手入れが行き届いていません。伸びていたり、汚れていたりするのです。

仕事というのは手を使って行うもの。

パソコンのキーを打つだけでなく、名刺や書類を渡す際など、手先は思いのほか人目につきやすいものです。

にもかかわらず、**手入れが行き届いていない。爪の手入れにも気が回らないから、仕事でもツメが甘くなってしまうというわけです。**

爪のような細やかなところにも配慮が行き届く。

そういう作法を当たり前にできるようになることが、おのずと仕事の効率をアップさせることにつながります。

開運の作法

運を味方にしたいなら、爪の手入れを忘れずに

金運をアップさせる、お財布の取り扱い方

あなたは、今、お財布の中にいくら入っているか、すぐに答えることができますか？

施術院に来られる方によくお聞きするのですが、答えられる人はなかなかいません。

実は、金運のいい人というのは、お財布にいくら入っているか、すぐに答えることができるのです。

よく風水で「お財布はお金のおうちです」と言いますが、まったくその通りなんです。

お財布は、自分の家族が暮らしている家のようなもの。だとすれば、お金がいくら入っているかわからないということは、家族が何人暮らしているか知らないということになるわけなんです。

自分の家族が何人いるか知らないなんて人、世の中にいませんよね？

お財布をお金のおうちと思って大事にする、ということは、こういうことなんです。

毎日暮らす家がきれいだと、気持ちがいいものです。だから、お財布もきれいにしてお

くようにしましょう。お札は揃えて入れる。レシートなどを入れっぱなしにしたりせず、いつでも整理整頓された状態にします。

それがお金を扱う作法なのです。

金運アップのために、必ずしもお財布を毎年新しくすることはありません。ちょっとくたびれてきたかな、という時点で新しいお財布と交換すれば大丈夫です。

もし、気に入ったお財布があって、どうしても使っていたいというのであれば、よくお手入れをすればいいのです。家も長く暮らしていくためには、何年かに一度はメンテナンスが必要なのと同じです。

よほど気に入っているのであれば、同じブランドのデザインのものを買うのもひとつの手段ですね。

開運の作法

お財布にいくら入っているかわからないようでは、金運アップは望めない

無料のモノやコトこそ大切にしよう

あなたは、駅前や街中で無料で配られている、ポケットティッシュを「もらう派」でしょうか「もらわない派」でしょうか。

開運を考えるなら、ぜひ「ありがとう！」と言って受け取りましょう。

ただし「ティッシュは使えるけど、チラシはゴミになるから……」とチラシだけ無視するようではいけません。ティッシュもチラシも、配る人の労力は同じです。

たとえあなたにとっては興味がない広告でも、その仕事をしている人のことを思いやれるかどうかで、あなたの運が変わります。

「どうしても必要ない」と考えるときでも、あいまいな笑顔を浮かべて通り過ぎるくらいなら「先ほど、いただきました、ありがとう」と伝えて断りましょう。

そうすれば、配る人に「なんだ！　受け取らないんだ」というマイナスの気持ちを抱かせることなく、気持ちよく「そっか、じゃ次の人」と思ってもらえるでしょう。

配る人が「どんな感情になるか」を考えた上での行動が運気を高めるのです。

もしかしたら、駅前で配られるティッシュは無料だからありがたみを感じず、配る人に対して思いやることができないのかもしれません。

私たちは、お金を払って手に入れるものはありがたがるのに、無料のモノやコトは粗末にしがちです。

タダで使える公共の施設などについても同じです。あなたには、お金を払うトイレはキレイに使っても、タダのトイレは汚してもいいやという気持ちはないでしょうか。

しかし、たとえ無料の公共トイレでも、誰かが掃除をしてくれているからいい状態を維持しています。そこまで考え、また、あとから使う人のことも思いやって、お金を払うトイレと同じように使用できる人が幸運を引き寄せるのです。

開運の作法

「タダ」のモノほど粗末にしない！関わる人のことを考えて行動できる人がよい運に恵まれる

名前は丁寧に書こう

デジタル社会といえども、名前を書く機会は、けっこうあるものです。その際、殴り書きのように乱暴に書いたりしていませんか？　だとすれば、なかなか運がよくならない原因のひとつは、そこにあります。

考えてもみてください。自分の名前を適当に書くということは、自分自身を適当に扱うということです。自分を大事にする、自分のことを好きになって、自信を持つようにすることは、開運のための必須条件です。

それを思えば、名前を丁寧に書かない＝自分を丁寧に扱わない人が、運がよくなるわけがありません。

私の施術院でも、初診の患者さんには、必ずカルテを書いていただいているのですが、たまに読めないくらい乱暴に名前を書く方がいます。

しかたなく、「なんとお読みするのですか？」と伺ったりするわけですが、相手に読めないほどの字を書いてしまうのは考えものです。そういう人の運の状態を調べてみると、やはり非常に悪いんです。「ああ、やっぱり」ということになるわけです。

ためしに自分の名前を、心を込めて丁寧に書いてみてください。**ご両親など、名づけてくれた人が、幸せになるようにという願いを込めてくれた名前です。丁寧に書くだけで、自分をどれほど大切にすべき存在かがわかってくるはずです。**

そして、他人さまの名前も丁寧に、きちんと「様」をつけて書きましょう。たとえば宅配便の名前を書く欄は、あらかじめ「様」とありますが、あえて手書きで「様」を書くのです。もちろん「様」が重なって「様様」となります。

これで、いいのです。相手の方を呼び捨てにできないように、書くときも「様」まで書かないと申し訳ない、くらいでいきましょう。

開運の作法

心を込めて丁寧に名前を書くと、運がよくなる

コラム

元気君の元気がない理由

私たちが当たり前のように使っている言葉。

言葉には、言葉が持つエネルギーの流れがあり、それを「言霊」と呼びます。

それは、とても大切なものであると、私は常々思っています。


元気君という名前の少年がいました。彼は「げんき」ではなく、「もとき」です。でも、「もとき君」と呼んでくれる人は、皆無といってもいいほどでした。字からすれば、誰だって「げんき君」だろうと思いますよね。

元気君は、もともと活発で、とても明るい少年でした。病気をすることも、ほとんどなかったといいます。

それが幼稚園、小学校とあがっていくほどに元気を失って、驚くほど無口な少年になっていってしまったのです。

ただ、家にいるときはまったく普通で、学校へ行き、外に出てしまうとまったく元気がない状態になるのです。

なぜ、そんなことが起きてしまったのでしょうか。

元気君は、「げんき君」と呼ばれるたびに、こう言っていました。

「ぼく、げんきじゃないよ、もときっていうんだよ」

「あ、そうなんだ」といって言い直してくれることもあったでしょう。でも、子ども同士のことなので、わざと「げんき、おい、げんき君」などと呼んだこともあったでしょう。

そのたびに元気君は「げんきじゃないよ」と言っていたのです。

入学したときや進級に伴うクラス替えのたびに、元気君は呼び名を訂正しなければなりませんでした。

「げんきじゃないよ」「げんきじゃないよ」「げんきじゃないよ」……。

これでは元気君がすっかり元気を失っても、仕方がありません。常に「げんきじゃないよ＝元気じゃないよ」と言っていたのですから。

家でふつうにしゃべることができたのは、お父さんやお母さんは「もとき君」と、本来の名前で呼んでくれていたからです。

しかし、そうした理由にはまったく思いもよらない親御さんは、困り果てたあげく、私のところに元気君を連れてきたのでした。

お話を伺って、私は、しみじみと言いました。

「そうか、君は、もとき君なんだよね。いつも、げんきじゃないよって言い直さなければならないのが、つらかったんだね」

元気君は、ひとたび目を見開いて私を見つめたかと思うと、突然、ぽろぽろと涙をこぼしました。

元気君は生まれてはじめて、自分の本当の気持ちを理解してもらえたと感じたのです。

今まで、名前さえもちゃんと理解してもらえなかった。

「げんきじゃないよ」と言うたびに自分の体や心から元気が失われていくつらさを、誰にもわかってもらえない。

元気君は、小さな体で、ずっとそれに耐えていたのです。

それだけに、たったひとりでも理解者がいるということは、救いになったのでしょう。

私は、できれば読み方を「げんき」に変えたほうがいいと親御さんにお話ししました。

しかし、親御さんにしてみれば、この名前には強い思い入れがあるらしく、結果的に「もとき」で通すことになりました。

私ができたことは、元気君を取り巻くエネルギーの流れを改善してあげることでした。

現在、元気君はずいぶん元気に過ごすようになっています。

これからも「もとき」として元気いっぱいに成長してくれることを願っています。

天然温泉に行けば運気が上がる

日本人の温泉好きは、世界の人が認めるところであり、海外でも日本式の入浴方法や湯船が人気だそうですね。

私も温泉が大好きで、けっこう頻繁に行っているのですが、実のところ運気を上げるためでもあるのです。

これもまた統計好きで調べてみたところ、温泉に何度も行っている月ほど売り上げがあがっているのです。

幸い施術院から30分ほど車を走らせれば温泉に到着します。そこでゆっくりお湯につかってリラックスします。

温泉に入ると、身体がゆるみ、心がゆるみます。

しかも、顔がツヤツヤに光って、見るからに元気そうなのです。

この、**元気そうだ、ということが運気アップの鍵になる**のです。ちょっと想像してみてください。元気そうな人と、運がよさそうに見える人というのは、イコールではありませんか？

そうなんです。髪や顔にツヤがあって、元気そうに見えるというのは、運がよさそうに見えるということであり、それがますます幸運を引き寄せることにつながるのです。

まさに相乗効果というわけですね。

幸せは「ツヤ」のあるところにやって来ると、かの有名な実業家の方も言っていましたね。

家のお風呂に入るのとはまた別に、少し足を延ばして、豊かな自然に囲まれた温泉に入って非日常を味わう。

旅の楽しさもあいまってエネルギーの状態がよくなり、開運につながります。

開運の作法

幸運な人は髪や顔にツヤがある

灯りをつけよう、明るい服を着よう

明るいもの、明るい色というのは、マイナスエネルギーを受けにくい性質を持っています。エネルギーの流れをよくするためにも、この性質を利用しない手はありません。

まず、家の灯りです。暮れかかる頃には、外灯や室内の灯りをつけるようにしましょう。

灯りは蝋燭の炎など、自然の火の色に近い「電球色」が理想的です。外から見ただけで、あったかそうだな、幸せそうだな、という気がしてきます。ということは、そういう幸せエネルギーが、そこに存在しているのです。

蛍光灯などの青白い光は、オフィスにはいいかもしれませんが、家にとっては寒々しい感じがして、あまり幸せそうではありません。

私の家では電気代もかからず環境にもやさしいLED電球を使っています。これなら終夜、つけたままにしておいても安心で気兼ねすることもありません。

車のライトも薄暗くなってきたらつけるようにしましょう。歩行者へのやさしい気づかいにもなる、運転の作法のひとつなのです。

服もできるだけ明るいものがおすすめです。看護師さんは、なぜ白い看護服を着ているのか考えてみるとわかります。病気の方々の看護をしているのですから、マイナスエネルギーの影響を受けて当たり前なのに、意外とそうでもありません。

これは白という最も明るい色の力です。患者さんのマイナスエネルギーを受け流しているんですね。近ごろはピンクや淡いミント色などもあるようですが、いずれにしても、かなり明るい色というわけです。

明るい色の服を着ると、なぜか気持ちが明るくなるのは、こういうわけなんですね。

気持ちが沈むときに、家を明るくしたり、明るい服でエネルギーバランスを整えるというのも、よい手段です。

開運の作法

「明るいもの」は邪気を遠ざけ、幸運を引き寄せる

観葉植物で邪気を浄化しよう

観葉植物を置くのは、風水でもいいこととされていますね。

でも、「せっかく買っても、結局は枯れてしまうから、置くのをやめちゃった」なんてことになっていませんか？

実はこういう人、非常に多いんです。水やりもきちんとしているのに観葉植物が枯れてしまうということは、よくあることです。

私も施術院に観葉植物を置いていますが、そのうちいくつかは、どうしても枯れてしまうのです。しかも、ある場所に置いた観葉植物が、決まって枯れてしまいます。

その場所というのは、患者さんが最初に座る椅子の横と、施術に使っているベッドのすぐ近くです。それ以外のところは、わりと元気に育っています。

調べてみると、その場所は患者さんが発するマイナスエネルギーを、もろに受ける場所だったんですね。そこに置かれた観葉植物は、そのマイナスエネルギーを一手に引き受けていたというわけです。

それがわかってから、**観葉植物の数を少しずつ増やしていきました。**すると、ある時点から、どの観葉植物もまんべんなく元気に育つようになったのです。それまで数本が請け負っていたマイナスエネルギーを、分担して受け持つようになったためでしょう。

しかも、**本数を増やすことによってマイナスエネルギーを浄化する力が上回りました。**

今では、よくもこんな小さな鉢から、ここまで大きく育ったな、というほどになってしまって、来る人をびっくりさせているほどです。

観葉植物が枯れるのはマイナスエネルギーを浄化してくれているからです。枯れたら、「ありがとう」と感謝して大地に戻ってもらうか、本数を増やしていくようにしてください。

開運の作法

観葉植物は悪運を浄化してくれる「生きている開運グッズ」

ドタバタ歩くと運気が下がる

所作や動作にも、エネルギーの良し悪しがあります。

エネルギーのよい所作とは、まちがっても、力がありあまった乱暴な子どものような、ギャーギャーと騒がしいものではありません。食器をガチャンと置いたり、廊下や階段をドタバタ歩いたり、いちいち大きな音をたてるのは、エネルギーの状態を悪化させます。そんなドタバタした所作をくり返している人は、たいていドタバタした人生をおくっています。ドアをバタン！　と閉めるような人も同じです。

救急車やパトカーなどのサイレンを耳にして、気分がよくなる人はいません。それは、心の平安を崩してしまう音だからです。

足音やドアを閉める音も同じです。たてる必要のないムダな音、思わず不快になるイヤな音は、それだけでエネルギーレベルを下げてしまいます。

言葉には言霊があるように、音には音霊があります。

悪い言葉、不吉な言葉がマイナスエネルギーを生んでしまうように、イヤな音、不快な音もエネルギーの状態を乱して悪化させてしまうのです。

エネルギーの高い所作とは、静かでおだやかなしぐさということ。

階段の上り下りや廊下を歩くときに、ドタバタ足音をたてたりしないようにしましょう。

ドアはバタンと勢いよく閉めるのではなく、最後まで丁寧にそっと閉めるようにします。

コーヒーカップやお茶碗をテーブルに置くときなども気をつけましょう。

もともと日本人の所作や動作は、ふすまの開け閉めやお茶の出し方などからわかるように、細やかなところまで気をつかっていました。それは、和室や着物といった、日本文化を反映したものでもありました。

洋式の生活が普通になりましたが、美しい所作や動作は残していきたいものです。

開運の作法

ムダな物音をたてない品のある動作こそ、開運のための作法

実践ワーク

相合傘ワーク

子どもの頃、学校の壁に「相合傘」のラクガキをした思い出がある人も少なくないでしょう。相合傘は、お目当の相手に好きになってもらったり両思いになれたりするよう、自分と相手の名前を書きますよね。

実は、相合傘には、気になる相手だけではなく、手に入れたいものや状況なども引き寄せることができるパワーが備わっています。

相合傘の右と左に書いたもののエネルギーを、一瞬で調和させて引きつけるのです。

相合傘の書き方には、3つのポイントがあります。

❶一筆書きで書く

❷左側に自分の名前をフルネームで書く

❸欲しいもの、あるべき状態を単語や固有名詞で書く

大幸運

多くの人がやってしまいがちなのが、神社の絵馬などに書くように、

「首の痛みが治まりますように」

「月収が3倍になりますように」

などと、お願いしてしまうことです。これでは効果は期待できません。

そうではなく「しなやかな首」「月収3倍」と書くのが正解です。

右側に「強い運」と書いた女性がいました。

すると、その日の夜に食事に出かけた仲間3人や、他のお客さん、そしてお店のスタッフなどが軒並み、ノロウイルスに感染し病院に担ぎ込まれたのに、その女性だけ無事だったのです。

また「月収3倍」と書いた人のなかで、数カ月で達成した人も1人だけではなく、3人、4人と現れています。

相合傘を書くだけですから、手に入れたいものがある方はぜひ、試してみてください。

実践ワーク

虹の架け橋ワーク

誰でも雨上がりに虹を見つけると、明るく希望に満ちた気持ちになりますよね。

古代から虹は「思いの架け橋」と考えられ、願いを天に届け実現させるパワーがあると信じられていました。

そんな虹をイメージする、効果バツグンのワークが「虹の架け橋ワーク」です。

やり方はとってもカンタンです。

自分と「よい関係を築きたい」と考える人との間に、虹の橋を架けるイメージをするだけ。

「虹の架け橋」は、恋愛成就や夫婦関係の改善などに効果的なだけではありません。

私は「成績を上げたい」という営業マンの方々に「これからお会いする、お客さんとの間に虹をかけてください」というアドバイスをしました。

すると、これまで断られてばかりで話も聞いてもらえなかったのが、快く会っていただき高確率で成約につながるようになったのです。

「授業中に学生が居眠りをする」と悩んでいた大学の講師の方は、虹をかけるようになってから一人も眠らないようになり、学生たちとフレンドリーなよい関係が築けるようになりました。

また「虹の架け橋ワーク」は、相手が人でなくても効果的です。

先日、施術の予約をしていた患者さんから「仕事が遅くなってしまって、到着が20分遅れます」というメールが入りました。

そこで私が「今いる場所から、施術院まで虹をかけてごらん」とお伝えすると、なんとその患者さんは、予定よりも15分も早く、たったの5分遅れで来院されたのです。

自分と対象となるものをつなぎ、スムーズで心地よい間柄になる。

そんな万能のワークが「虹の架け橋ワーク」なのです。

実践ワーク

開運・グリコダッシュ

素晴らしくいいことがあったとき、「バンザーイ！」と、両手を挙げて叫ぶことがありますね。

今では選挙のときくらいしか見られなくなりましたが、昔はことあるごとに万歳三唱をしたものです。バンザイというのは、世界共通の、最高の賞賛なんですね。

しかもバンザイをする側と、される側の両方にプラスのエネルギーが生じるため、それこそダブル効果でエネルギーがよくなるのです。

バンザイをしているときに、マイナス感情を抱く人は滅多にいないと思いますが、それはこうした理由があるからなのです。

だから、思考がネガティブになってしまったときなどは、バンザイをするといいのです。びっくりするほどマイナス感情が吹き飛びます。

ところで、スキップにもバンザイと同じ効果があります。やはりスキップしながら憂鬱

もう
イヤ…
ハァー
あ、
そうだ!
バンザーイ!

なことを考える人というのは、ほとんどいないんですね。

大阪の道頓堀に行くと、有名なグリコの看板が鮮やかなネオンに彩られています。開運・グリコダッシュは、あのグリコの看板からヒントを得た方法です。

バンザイしながら走る、スキップをする。これほど爽快な気分になることはありません。どうしてもネガティブなことを考えられなくなります。

運気アップのグリコダッシュ、ぜひ一度お試しください。

Part 2

幸運な人になれるチャンスは
たくさんある

開運の作法
―中級編―

突発性難聴がきっかけでエネルギーと出会い、開運の作法を発見

運を開くためには、自分を取り巻く気の流れ、つまりエネルギーの流れを改善させることが近道になります。

私が、「エネルギー」というものを認識したのは、左耳が突発性難聴になってしまった時期のことでした。突発性難聴は原因不明の病気です。そのため、病院に行っても治らず、2、3年はよくなったり、悪くなったりのくり返しで、本当に困りました。

心配した知人が、パーフェクトハーモニーという会社が制作した「エネルギー入りのCD」を「役立つかもしれないので使ってみて」と渡してくれたことがきっかけです。

「CDにエネルギーが入っている」と言われても眉唾ものでした。ですが「せっかくだから」と聴いてみたのです。この難聴は、担当医からもさじを投げられていましたので、長く付き合うしかない、と諦めていました。

素敵な音楽を聴いても耳障りでしかなかったはずが、そのCDを聴いたとき、心地よく

聞こえたのです！　驚いた私は、それから、そのCDを聴き続けてみました。1カ月が過ぎようとした頃には、聴力が戻ったのです。これは、奇跡というしかありません。

このことがきっかけで、何かわからないが、自分を取り巻くエネルギーというものがある、と認識し、エネルギーについて勉強しはじめたのでした。

施術院にいらっしゃる患者さんは、身体の不調があり来院するのですが、心の病が大きな原因だったりすると、触って確認することすら拒否される患者さんがおり、手技での施術に限界を感じていた時期でもあったのです。

これも、運でしょうか。

エネルギーの存在を認識し、勉強しはじめてわかったのですが、どうやらその方のエネルギー状態や、エネルギーの流れを改善すると体調が改善するということ、エネルギーは心にも影響を与えられるということ、そしてさらに「運」というものは、エネルギーをちょっと改善することで引き寄せられるということがだんだんわかってきたのです。

ためしに、知人や患者さんの了解を得て、その方の「エネルギーの状態や流れを調える＝エネルギー調整」をしはじめました。

1カ月後
音がよく聞こえる!

すると、体調はもとより、運までも改善される方が増えてきたのでした。

「運がいい人間になりたいな」と思うのであれば、まず、このエネルギーというものの存在に気づくことが近道なのかもしれません。

作法を続けていくことは、いいエネルギーを出すことにつながります。

このことは**「いいものを出したあとは還ってくる」という宇宙の作法**である、と私は考えています。

宇宙の作法とは、神さまが定めた作法、宇宙が求めている作法であり、一般的には、「宇宙の法則」と言われていますね。

開運の作法とは、この宇宙の作法も大きく関係していて、よいエネルギーを循環させるためのノウハウと言っていいかもしれません。

もちろん、いいエネルギーを出すだけではなく、気持ちのいい所作はエネルギーの流れを改善し、運を開くことにもつながっています。

最も幸せだったときの歳を言う

年齢を聞かれても言いたくない、ついついごまかしてしまう、というあなた。

開運の作法では、最も幸運だったときの年齢、絶好調だったときの年齢を言うようにしてもいいことになっています。なぜなら、その年齢がエネルギッシュであった、つまり、エネルギーであふれていたからです。

たとえば、今までの人生でいちばん幸運に恵まれていたと感じるのが、35歳だとします。ならば、「永遠の35歳」でいきましょう。

ちなみに私は施術院を開設したときの年齢を言うようにしています。もちろん、その頃よりも今のほうが患者さんが増えましたし、こうして本を書かせていただく機会を得たりしています。

しかも、その当時というのは、「これから挑戦するぞ！」というエネルギーにあふれた、最も脂の乗っている時期でもあったんですね。

だから、初心忘るべからずの意味も込めて、その頃の年齢を言うようにしているのです。

このことを教えられたのは、ある患者さんとの話からでした。彼女は私より4歳年上なのですが、びっくりするほど若く見えるのです。何か秘訣があるのか聞いてみたところ、「私は永遠の38歳ということに決めているの」とおっしゃいました。

言われてみて、さらに驚いたことには、確かに38歳ぐらいに見えることです。

もちろん、若々しさを保つために、いろんな努力をしていることと思います。しかし、**38歳と言うことによって、たいへん若々しいエネルギーが生み出され、その結果、運気が上がるようなのです。**

38歳と堂々と言う彼女は幸せそうに見えます。それもまた、よいエネルギーが集まる理由になるのです。

開運の作法

幸運だったときの年齢を名乗ると運気がアップする

「ツルカメ、ツルカメ」は悪運を吹き飛ばす言葉

いつでも美しい言葉を使っていられたらいいのですが、なかなかそうもいきません。それに、美しい言葉を言い続けることが、ストレスになってしまうということだってあるんです。これじゃ、何のための「美しい言葉」なのかわかりませんね。

私たちは神さまではありませんから、たまには悪い（汚い）言葉を使ってしまうこともありますよね。むしろ、そのほうが自然です。

とはいえ、**悪い言葉を使えば、当然、マイナスエネルギーを引き寄せてしまいます。**

そこで、「うざい」とか「バカじゃないの」とか、悪い言葉を言ってしまった後には、「ツルカメ、ツルカメ」と呪文を唱えましょう。

「鶴は千年、亀は万年」という言葉があるように、鶴と亀は縁起物の代名詞。結納や結婚式にも使われています。

悪い言葉を言ってしまった後に、「ツルカメ、ツルカメ」と唱えると、ありがたいことに

浄化してくれるのです。

悪い言葉は毒に他なりません。だから、悪いことを言ってしまうということは、毒を吐いてしまったということなんですね。吐いた毒を中和し、浄化してくれるのが、「ツルカメ、ツルカメ」のおまじないだというわけです。

実は、これはある程度お年を召した方にとっては、おなじみのことです。言霊信仰のある日本では、縁起の悪い言葉を使うのは御法度でした。

それで、ついうっかり悪い言葉を言ってしまったら「ツルカメ、ツルカメ」と唱えるようになったのでしょうね。昔ながらの、開運のための智恵なのです。

ともあれ、**「ツルカメ、ツルカメ」は開運のための3秒ルール**として、しっかり憶えて、実践するようにしてください。

開運の作法

「ツルカメ、ツルカメ」で邪気リセット

人をもてなすために行うトイレの作法

風水では、金運と健康運をつかさどるのがトイレだとされています。金運アップ・健康運アップのために、せっせとトイレ掃除を、という人もいることでしょう。

それにしても、どうしてトイレがきれいだと金運と健康運がアップするのでしょうか。たとえば江戸時代。公衆トイレなどはありませんでした。だから旅人は、街道沿いの宿屋や店などで借りる他なかったことでしょう。

人間というのは、親切にしてもらったことは、けっこう憶えているものなんですね。特に「トイレで用を足したい」というのは、火急のこと、切羽詰まった問題ですから、なおさらありがたみが身にしみます。

行きでトイレを借りたお店の前を通りかかったとき、そのことを思い出して、「せっかくだから寄ってみよう」「ここでご飯を食べていこう」などということになったのではないかと思います。そんな旅人が多ければ多いほど、その店や宿屋は繁盛しますよね。

人に親切にして気持ちがいいと、商売に張り合いもできるから、身体も健康になる。きれいなトイレが金運と健康運に関係するのは、実はこんなところなのではないかと私は考えるのです。

著名人のK・Tさんは、外でトイレを使うときは、あえていちばん汚れているトイレに入り、きれいに磨いてからトイレを出るそうです。芸能界での大成功の秘訣はここにあるのかもしれません。

今や公共の施設やコンビニでも気軽に借りることができます。だからこそ、一人ひとりのトイレの作法が大事になってきます。誰だってきれいなトイレを使いたいものです。

もし、汚れていたら率先してきれいにしてから使いましょう。

ちなみに、トイレに唾を吐くのは運気を下げるので、やめるようにしましょう。

開運の作法

「次の人のため」になるトイレの作法が幸運を引き寄せる

貯金には「幸運な目的」をもたせよう

お金持ちの方は、よく「お金に好かれる」などと言いますが、これは単なる比喩ではありません。実際にお金も意志を持っているんです。だからこそ心の内というのもお金に伝わって、好かれたり、きらわれたりということが起きてくるのです。

ところで、みなさんは「万が一のときのための貯金」というものをしていますか？　万が一のときのために貯金をしておけば安心だ、と誰もが思うはずです。でも、少し考えてみてください。「万が一のこと」とは、どんなときのことですか？　本当は誰でも「万が一のこと」など望んでいないはずです。ならば、もう「万が一のための貯金」はやめてしまいましょう。なぜなら、「万が一」という目的をお金が果たそうとして、「万が一」を引き寄せてしまうからです。

交通事故で大けがをしたり、大きな病気をした人は、「万が一のための貯金が役立った」と思うことでしょう。なんだかぞっとするような話に思われるかも知れませんが、お金は、持ち主の望みを叶え、喜んで欲しかったのです。

お金は使ってこそ生きるもの。使ってほしい、役立ちたいという意志をお金も持っています。「万が一のために」などと思っていると、お金は「自分が役に立てるのは万が一のときなんだ」と、ご丁寧に活躍の場を得ようとしてしまうというわけです。

貯金をする場合は、「万が一」ではなくて、楽しくて幸せな目的で貯金をするようにしましょう。**家族で海外旅行に行くための貯金、家を建てるための貯金などなど、前向きで、わくわくするような目的を与えてあげると、お金にも伝わって、必ず実現できます。**

老後のための貯金をする場合でも、肝心なのは「どんな老後か」ということです。寝たきりの老後なんて、誰だって望んでいませんよね。

「元気で豊かな老後のための貯金」と命名して貯めれば、きっとその通りになります。

開運の作法

幸せのために貯金をしよう

コラム

300万円の臨時収入があった人が続出する金運アップのコツ

私は年に何度か各地で講演やセミナーの講師を行っているのですが、金運アップの方法は大人気です。

また、施術院にも金運アップの施術メニューがあり、こちらも大人気です。この場合は、患者さんのエネルギー調整をし、金運がアップする状態にもっていきますが、自分でもかんたんにできる金運アップの方法があります。

今まで何人もの人から「ホントに金運がアップしました！」という驚きの声が寄せられていますのでご紹介します。

その方法とは、「毎日100万円の札束を3束、つまり、300万円をお財布に入れる」というものです。札束は、ぴんぴんの新札であることも条件ですが、イメージでいいのです。帯のついた100万円の札束が3つあるとイメージしてください。そして、その札束を1束ずつ自分の財布に入れてください、それを毎日続けてください、とお話ししています。

この方法を実践したご夫婦から電話をいただきました。

「先生、驚きました。臨時収入があったんですよ!」

金運アップの作法をやってみた後、何となく引き出しの整理をしていたら、定期預金の通帳が出てきたというのです。それは、ずいぶん昔のもので、お二人とも、その通帳の存在をすっかり忘れていたということでした。

その定期預金の額が、ぴったり300万円。これを聞いて私もビックリです。

また、ある経営者の方は1300万円の負債を抱えていたのですが、金運アップの作法をやって以来、毎月順調に返済することができるようになったということです。

「先生、おかげさまで、あと残りはわずか300万円ですよ!」

これもまた300万円です。

思いがけずに不動産が売れて300万円も得してしまったというご婦人もいました。

あるセミナーでは、お客さまが私の元に走り寄ってきて、嬉しそうにこうおっしゃいました。

「先生、私はどうしても先生にお礼が申し上げたかったんです。先生のおかげで、会社が黒字になりました。それも、前年度に比べて10倍以上の売り上げです」

その方はある会社の経営者で、赤字を抱えてたいへん困っておられました。金運アップの作法を行う際、1万円札とまったく同じ大きさの紙を用意して、前後を本物の1万円札ではさんだ「100万円の札束」を3つつくって、それを毎日、お財布にしまっていたそうです。頭の中でイメージするよりも、よりいっそう具体的になります。

おかげで、わずか1年後には結果が出て、倒産の危機でさえあった会社が、今ではたいへんな活況を呈しているということです。

この方の場合は前年比10倍以上という結果となりましたが、他の方々は、判で押したように「300」という数字にぴたっと当てはまっています。

それがなぜなのか、私にもわからないのですが、どうも「300万円」というのがいいみたいですね。そもそも「3」という数字に意味があるようです。

ところで、残念ながら金運アップの方法をやっても、まったく成功しない人がいます。それも、私の友人です。

気心が知れているので「おまえ、どんなふうにイメージしているんだ?」と、訊ねてみま

した。すると、お財布に入れる金額が300万円だったり、400万円だったり、500万円だったり適当だったのです。しかも、ぐしゃっとわしづかみにして財布に入れるというイメージをしていたのです。
「それじゃあ、だめだよ〜」と私はあきれるあまり、思わずそう言っていました。
お金は丁寧に、お財布も整理整頓してから、新札の1万円札の札束（100万円）を3束（合計300万円）、お財布の中に入れるイメージを毎日くり返してみてください。
みなさんからの吉報をお待ちしています。

ツイてる人は「つりはいらない」と言う

私は、学生時代の仲のよい友人と、今でも年に何度か飲み会をしています。

支払いは、もちろんワリカンなのですが、私はいつでも必ず「つりはいらないよ」と言っています。

太っ腹？　いえいえ、そうじゃないんです。きっちり1円単位まで割った金額を用意しているからです。そうすることで運気が上がることがわかっているので、まちがってもおつりを用意させるようなことはありません。

仲間の中に、最初から会費が3000円とわかっている場合でも、必ず1万円札を出す友人がいます。

そのくせ会うたびに「どうすれば儲かるかなぁ」などというわけです。私は「おつりを用意しなくて済む金額を出せば、もう少し金運も上がるよ」と、よほど言おうかと思ったのですが、なんだか信じてもらえそうにありませんし、不愉快に思われてもよくないので、なんとなく言わずじまいでした。

これもいろいろな人を調べてみると、運がいい人は、お金の支払いに気配り・心配りをしているんですね。

できるだけおつりがないように、最初から配慮しているのです。

私は友人との飲み会だけでなく、美容院の支払いも用意して持って行きます。

48年間同じ美容院に通っているので、カット代がいくらかかるか、ちゃんと知っています。なので、毎回おつりのいらないように、支払いをさせてもらっています。

おつりがいらないということは、相手によけいな手間をかけさせないということ。相手に対する思いやりです。支払いの作法ひとつで、運気も上昇します。

開運の作法

支払いに気づかいができる人はお金に好かれる人

遅刻をしない人には、いい運気がやってくる

私はよく運の悪い人と運のいい人の観察をします。もちろんそのときのエネルギーの状態も調べてみたりもします。

運の悪い人の特徴のひとつに「時間にルーズ」ということがあります。

仕事がうまくいかないとか、お金がないとか、いつもぼやいている人に限って、なぜか待ち合わせ時間に遅れてくる。

昔から「時は金なり(Time is money)」と言いますね。

時間はお金と同じか、それ以上に大切なのだということを教えてくれる言葉です。

それだけ考えても、時間を大事にしない人に、お金がついてくるわけがありません。

約束の時間に遅れないというのは、相手に無駄な時間を使わせて不愉快な思いをさせないという、思いやりの作法なのです。

かといって、あまりに早く到着するというのも考えものです。

私の施術院にも、予約時間の30分前に来院される患者さんがいました。その分、待っていただくことになりますから、なんだか待たせてしまっているような気がして、そわそわしてしまいます。

おまけに施術中の他の患者さんまで、「次の方が待っていらっしゃるから、早めに切り上げていただいても大丈夫ですよ」などと気をつかいます。

こんなふうに相手に気をつかわせてしまう作法そのものが、実は運気を下げることになってしまうのです。

待ち合わせには5〜10分前に到着するのが理想です。

開運の作法

「時」を粗末に扱うと運気は落ちる

眉毛で人生が変わる

「あなたの人生は眉毛で左右されている」と聞いたら、たいていの人がビックリしてしまうでしょうね。というより、「そんなわけないじゃないか」と思われることでしょう。

しかし、実際に眉毛ひとつが、人間関係に影響を与え、健康を左右し、ひいては人生をも変えてしまうのです。

いろいろ調べていてわかったことは、会社などでいじめに遭っている人は、眉毛が一直線で上がっているという、共通の特徴があることです。

患者さんにも、まるでマジックで描いたように太く直線的な眉毛をしている人がいたのですが、施術をしようとしても、エネルギーがうまく入っていかなかったりするのです。

平安時代のお公家さんは、天井眉にしていましたね。あれは心を読まれないようにしていたためです。つまり、眉というのは感情が表れるところというわけです。

一直線の眉というのは、人を拒絶する眉なんですね。怒っているようにも見えますから、怒りの感情を象徴しているとも言えます。

どうやらそれがマイナスエネルギーを生み、人間関係を悪化させてしまうようなのです。人間関係の悪化は多大なストレスを招きますから、心身にも影響が出てきます。体調が悪く、うつ状態が続いたら、豊かで幸せな人生になど、なりようがありません。

だから、**眉毛は人生まで左右してしまうというのは、本当のことなのです。**

眉毛は、目や鼻と違って、唯一、整形手術などをせずとも、自分の手によって変えることができる部位です。それだけに、しっかり配慮したいものですね。

自分で上手にできないときは、プロの手を借りるのもひとつの方法です。もしかしたら、新しい自分の魅力を発見できるかもしれません。

ぜひ一度お試しください。

開運の作法

運気がよくなる眉ラインを描こう

ふだんからデート服を着よう

ちょっと背伸びして買ったブランド物のシャツ。

がんばったご褒美に手に入れた、お気に入りのワンピース。

こんな服に限って「〝ここぞ〟というときに着よう！」と、クローゼットにしまいっぱなしになっていませんか。

実は、そんな服こそ、日常的に着ることで運が開けてくるのです。

丁寧につくられた、ある程度の値段がする服は、そもそものエネルギーが高い。

人は身につけるものが持つエネルギーの影響を受けます。

つまり、お気に入りの特別な服を日々身につけることで、あなたのエネルギーが自然と底上げされるのです。

反対に「シワのあるボロボロの服でいいや」という気持ちは、すべての行動を雑にして幸運を遠ざけてしまいます。

洋服だけではありません。下着も同じです。特に下着は、直接肌に身につけるものですから、私たちに与える影響はあなたが考えるよりも大きいのです。

「勝負服」や「勝負パンツ」は、日常的に身につけることで、よい運気をあなたに運んでくれます。

私の知り合いの社長さんは、一年に一度、お正月に新しい下着に取り替えるといいます。お正月に限らずに、誕生日でも何かの記念の日でもいいのです。

「まだ、使えるのに……」と惜しまずに、下着は定期的にすべて一新しましょう。

もちろん「もったいない」という気持ちも、エコロジーの観点からは大切です。しかし、あまりにも行きすぎる節約で、よれよれになったシャツやパンツを直しながら着ていると、その服を身につけるあなたのエネルギーまでダウンしてしまうのです。

開運の作法

身につけるもののエネルギーを高めて、幸運体質になる

おむすびは親子の縁を結ぶ

親子の関係がぎくしゃくしている家庭が、驚くほど多くなりました。これは不登校や引きこもり、中高生のうつ病と、切っても切り離せない問題です。

お母さんだって、子どもが大切だからこそ、何とかしたいと心を悩ませるのですよね。本当につらいことだと思います。

でも、いい方法があります。子どもに100の言葉をかけるよりも、絶大な効果がある方法です。それは、おむすびをつくってあげること。

「おにぎり」ではなく、「おむすび」です。なぜなら、母と子を「結ぶ」ものだからです。

おにぎり型でつくるのではなく、ちゃんと、手で結んだ「おむすび」にしてください。

手で結んだおむすびを食べたとき、「おいしいなぁ!」とつくづく感じたことはありませんか?　にぎり寿司だって、型を使う回転寿司より、職人さんが握ったにぎり寿司のほうがはるかに美味しいものです。

それは、手からエネルギーが出ているからです。おむすびをつくるとき、手から出ているエネルギーが、その中に注ぎ込まれます。

お母さんが手づくりしたおむすびは、そのまま、お母さんの愛情です。それを子どもが食べれば、たとえ意識できなかったとしても、必ず愛情のエネルギーは伝わり、注ぎ込まれていきます。

お母さんがおむすびをつくりつづけることで、不登校が解決されたこともありました。

文明が発展して、食べ物はコンビニでもかんたんに手に入ります。その一方で、こうした昔ながらの食文化が後退してしまいました。

お弁当をつくれないとき、「コンビニでお弁当買ってね」より、「ごめんね、おかずだけ買ってね」とおむすびを渡してみてはいかがでしょう。

開運の作法

親子の関係にも作法あり

コラム

お母さんのエネルギーがよくなると不登校が治る

何年か前から、不登校や引きこもりの相談が、かなりの割合で増えています。

そういう方がいらしたときには、私は「間のエネルギー体」というものを調整するようにしています。

エネルギーは、親と子、学校とその子、担任やクラスメイトとその子、など、人と人との間にも存在します。人間関係のトラブルやすれ違いは、たいてい「間のエネルギー体」が滞ることによっても生じているのです。

不登校や引きこもりなどの場合は、友だち同士や先生との関係などが原因となっているケースが多いので、思いつく限りの「間」のエネルギーが、いい状態になるようにアプローチしているというわけです。

そうした経験から、わかったことがあります。それは意外に思われるかもしれませんが、お母さんのエネルギー状態が改善されると、その子の不登校が治るケースが非常に多いということです。

いろいろと話を聞いていくと、不登校や引きこもりになっている本人は、たいして困っていないんですね。困っているのは、主にお母さんのほうなのです。

私たちは胎内にいるとき、お母さんとへその緒でつながっていました。生まれた後も、目には見えないけれど、私たちはへその緒のエネルギーでつながっているのです。子どもが母親の影響を受けてしまいやすいのは、そのためなのです。

先ほど本人はそれほど困っていないと述べましたが、不登校や引きこもりで困っているのは、お母さんの方です。私の施術院にも、本人が来るのではなく、お母さんがやってくることがほとんどです。

そのため、お母さんの施術をするのですが、それで不登校が治った例は後を絶ちません。もちろん、お父さんがやってきた場合はお父さんを施術します。これでも同じことが起きます。

つまり、いちばん困っている人を施術すると、たいてい解決するということです。ただ、お父さんよりも、圧倒的にお母さんが多い。やはりお母さんと子どものつながりは、それだけ強いのでしょう。

お母さんというのは家の中の太陽です。それが雲に隠れていたら、子どもが暗くなってしまいます。

お母さんがいい状態でいるためには、夫婦関係が良好である必要があります。お父さんとお母さんの間のエネルギーがぎくしゃくしていると、たちまち子どもに出ます。

夫婦の関係がうまくいかないケースが増え、離婚も増加していますが、それと比例して、不登校や引きこもりも増加の一途を辿っています。

夫婦の関係が子どもに影響を与えてしまうのは、夫婦が発した毒を子どもが吸ってしまっているためです。

なかなか難しい問題ではありますが、子どもの不登校や引きこもりで悩んでおられるご両親は、まずは自分たちの関係、自分たちの心身の状態を改善することからはじめてみると、それが解決されてくるにつれ、お子さんが元気になるのを感じることができるのではないかと思います。

「そんなかんたんなことで？」と思われるかも知れませんが、お母さんが部屋の片付けを

してスッキリしたら、子どもの不登校が治ったということがよくあります。

実は、エネルギー状態が悪い人というのは、部屋が散らかっているというケースが非常に多いのです。

使っていないもの、しまわれるべきところにしまわれていないものには、マイナスのエネルギーが取り巻いています。そのマイナスエネルギーを受け続けている以上、お母さんのエネルギー状態が改善されるわけはありません。

片付けは風水の基本でもありますが、エネルギーの観点からしても、やはり大切なことなのです。

拍手でご利益を得よう

ほめられると誰だって嬉しいものです。

信じられないかもしれませんが、身体の不調もほめることで改善することがあります。施術院を訪ねてくる患者さんの中には、骨格の歪みが原因で体調を崩している人も少なくありません。

よくある骨盤の歪みは、仙骨のズレによって生じるのですが、これを治すためには仙骨をほめてやるといいのです。

いいエネルギーを流しながら「きれいな仙骨だねえ」とほめたところ、仙骨が喜んで正しい位置に戻っていきました。驚いたのは患者さんです。「きれいな仙骨だねえ」のひとことで、急に身体が軽くなり、ラクになったわけですから。

実は「ほめる」というのは、開運の作法にとっても、非常にいいことなんです。一気にエネルギーの流れが変わります。

賞賛のしかたはいろいろありますが、拍手は特におすすめです。ほめ言葉は場合によってイヤミに受け取られてしまうことがありますが、拍手はまずまちがいなく賞賛として受けとめられます。言葉の通じない外国の人にも、拍手は賞賛として通用しますね。

「なんでそんなお人好しなことしなくちゃならないんだ」なんて思わないでください。**相手を賞賛することのご利益は、相手が3割、自分が7割。つまり、3分の2以上が自分のご利益となるのです。**

落ち込んでいたり、自信が持てなくなったりしたときは、ぜひ、自分に拍手をしてください。やってみれば誰でもわかることなのですが、拍手をすると自然と心が晴れ晴れしてきます。マイナスエネルギーを、ほんの数秒でプラスエネルギーに変えることができるというわけです。

開運の作法

拍手でほめて、運気を上げよう

手書きのお礼状を書こう

スマホが普及し、メールやSNSで気軽に連絡が取れるようになったため、わざわざハガキを買って年賀状を出す人が減っています。

まして、手書きで手紙やメッセージを書いて送る人は希少な人種になっているのかもしれません。しかし私は、パソコンではなく、自分の手を使って文字を書き、年賀状やお礼状を書くことが開運の作法のひとつだと考えています。

私の運営する施術院では、**施術をお受けいただいた患者さんには、その日のうちに手書きでお礼状を書いています。**

専門の方にデザインしていただいたハガキに、患者さんの住所とお名前、そして、来ていただいた感謝の気持ちを数行、気持ちを込めて手書きで書いてお送りしています。

なかには、何年も経ってから「あのとき送っていただいたおハガキ、まだ持っているのよ」とおっしゃる方もおられます。

それだけ、手書きで書いたものは、気持ちが伝わりやすく印象に残るのでしょう。

お仕事をしている方であれば、その日に会ったお客さまに手書きでお礼状を送ることができるでしょう。

またたとえ、働いていなくても、何らかのご縁で出会った人がいれば「会えてよかった」という気持ちを手書きのメッセージでお伝えすることができるはずです。

ただし、ひとつだけ気をつけていただきたい点があります。

商売をしている人は、つい「またのご来店をお待ちしております」などと書きがちなのですが、これでは「お礼状」ではなく「営業のハガキ」になってしまいます。

今日、来てくださったことに感謝するのが「お礼状」なのです。

コツコツと続けることで、よいご縁が広がり、そこから運がどんどん開いていくのです。

開運の作法

感謝の気持ちは手書きの文字で伝えよう。すると自然に運が開いていく

本当にツキを呼ぶのは引き算風水

運気を上げようと、風水に凝っている人、けっこうたくさんいますね。

もしかしたら、この本を読んでくださっているあなたも、そのひとりではないですか？

そして、風水に熱心なわりには、「なんだか運気が今ひとつ……」などと思っているのではないでしょうか。

風水に凝っている人にありがちなのが、やたらと開運グッズを持っていることです。

家の中は、まるで博覧会のように開運グッズで目白押し。

これじゃあ、エネルギーの流れが悪くなってしまいます。

開運グッズが悪いわけではないのですが、なかにはいつ、どこで、どんな目的で買ったのかわからなくなって、すっかりホコリをかぶっているようなものもありませんか？

ホコリをかぶるほどになっているものは、「いらないもの」として見なされるため、邪気が出てしまいます。知らないうちに開運グッズとしての役目を終えているのです。

また、そんな人に限って、開運グッズ以外にも、使っていないものをあれこれ取っておいて捨てられずにいます。

つまり、邪気を出す「いらないもの」が、家中にあるというわけです。

開運グッズを増やすよりも、まずは邪気を出している「使ってないもの」「いらないもの」を片付けるようにしましょう。

片付けると、片を付けることができます。仕事も、家事も、人間関係も、片が付いてスムーズに流れるようになっていきます。

そして、**開運グッズは、必要なものだけに絞って、大切にするようにしましょう。**

「あれも、これも」と開運グッズを増やす「足し算風水」では、ツキを呼ぼうにも呼び込めません。本当にツキを呼ぶのは、「引き算風水」なのです。

開運の作法

てんこ盛りの開運グッズは、かえって運気を下げかねない

実践ワーク

手と手を合わせて邪気をリセット

昔、「手と手のシワを合わせて、しあわせ〜」というコマーシャルがありました。

何だかオヤジギャグのようですが、実は非常に的を射ていることなんです。

手と手を合わせること、合掌することを「正中を通す」と言います。

正中とは「真ん中」を意味します。身体の真ん中を正中線と言いますし、神社の鳥居から本殿にまっすぐ伸びる道も「正中」。ちなみに、神社の正中は神さまの通り道なんですね。

だから、本来なら、お参りなどで神社を訪れたときは、真ん中を歩いていくべきではありません。

さて、正中を通すと、それだけで体と心が調整されて、邪気がすうーっと抜けていきます。

手を合わせてみたときに、不思議と落ち着いた気持ちになったりしませんか？　それは邪気が抜けていった証拠です。

それだけではありません。私たち人間は、陰と陰が合わさったり重なったりすると、幸

せを感じるようにできています。

手のひらというのは陰。手と手を合わせるということは、陰と陰とを合わせることなんですね。だから「手と手のシワを合わせると幸せ」なんです。

愛する人と手をつなぐと、この上ない幸せを感じますよね。それも同じ理由からなんです。

このように幸せを感じることが、エネルギーバランスを整えるのに、非常に重要です。

神棚やお仏壇がなくても大丈夫。ただ手を合わせるだけでいいのです。

食事のたびに「いただきます」「ごちそうさま」と手を合わせてもいいですね。

気分をリセットしたいときなど、一日何度でも手と手を合わせて正中を通すのもいいでしょう。

実践ワーク

開運・髪の毛リフレッシュ

お坊さんは、なぜ剃髪しているか、ご存知ですか？

それは、心身を清く保つためです。

髪というのは、邪気を受信したり溜めたりする性質を持っています。いうなればアンテナとメモリーの役割を同時に果たしているようなものなんですね。

しかも、自分が出した邪気と、周囲が出した邪気と、両方をキャッチして溜め込むのですから、たいへんです。

生まれたときは、誰でも髪がツヤツヤしています。それが、成長するに従って、だんだんとツヤを失っていく。

老化のせいばかりではありません。歳を重ねていたとしても、運がいい人というのは、得てして髪の毛がツヤツヤしています。

一日過ごして、髪が集め溜め込んだ邪気を、その日のうちにブラッシングをしたり、洗

いつもありがとう

ツヤツヤになってる！

い流していますか？

特に髪が長い方は、アンテナが長く、しかもメモリー量が多いため、それだけ邪気を溜め込んでしまいます。ショートカットの人より、よりたくさん溜め込むことになります。

髪を切るとなぜかさっぱりするのは、そういう理由もあります。

開運のためには、まめに手入れを行い、いつもつややかにしていることが大切です。

その、髪のツヤを出すよい方法があります。

まず先に、自分の髪の手触りを確認しておきます。

それから、髪の毛に「いつもありがとう」などと感謝し、拍手をおくります。その後、髪の手触りを確かめてみてください。

最初は変化に気づきにくいかもしれません。何度か試していると、明らかに変わるのを実感できるはずです。

実践ワーク

自分が大好きになる！　言葉&ポーズ

運のいい人というのは、自分を信じています。信じることができるのは、自分をごく自然に、愛しているからです。

逆に、運の悪い人というのは、自分を信じていませんし、自分のことをきらっている人が多いのです。

自分のことをきらっていては、いつまでたっても運気が上がるわけはありません。

そうはいっても、自分のことを急に好きになれるわけがない？　いえいえ、あるんです、すぐに大好きになる方法が。

手を交差して「自分が大好き！」、両手を胸上で交差させながら、「自分がだ～い好き！」と言って、右や左に肩をさげてみてください。たったこれだけです。

感情を込めなくても大丈夫です。かたちだけでも、かなりの効果があります。

自分がきらいで許せなかったためにうつ病になっていた少女が、この方法ですっかり

自分が大好き！

治ってしまったほどです。

言霊や音霊が、どれほど心身に影響するか、確認する方法があるので、それもご紹介したいと思います。

まず、手の甲などを痛みが感じられるほどつねりながら「自分が大好き」と何度かつぶやきます。つぶやきながら痛みの変化を感じ取ってください。

次に、同じようにつねりながら「自分が大きらい」と何度もつぶやいて、痛みの変化を感じ取ります。大好き、とつぶやくと、痛みが軽減されます。

内出血などに気をつけて、自己責任で行うようにしてくださいね。

コラム

うつ病の女の子が大笑いした

今やうつ病は身近な「心の病」となりました。

うつ病の他にも、パニック障害や統合失調症を煩い、電車に乗れないばかりか外に出ることもできない、人と会うことさえも無理、といった人が急激に増えています。

また、うつ状態の人も多く、病院でもすぐに診断名がついてしまうほど、本当に深刻な問題となっています。

これほどうつ病の人が増えているということからしても、私たちの心身や運気に影響を及ぼすものに目を向けるときが来ているのだとつくづく思います。

施術院にも、うつ病でいらっしゃる方が少なくありません。その中に、中学生の女の子がいました。

かつてうつ病は大人の病と考えられていましたが、昨今は中高生にも少なくありません。

このことは不登校や引きこもりの原因でもあります。不登校が原因でうつ病になってしまったのか、うつ病から不登校になってしまったのか、ケースはさまざまです。

その女の子もうつ病で、すっかり学校へも行かなくなってしまっていました。お母さんが何を言ってもだめだし、原因を探ろうにも何も話してくれない。

そこで、ワラをもすがるような思いで、私の施術院に連れていらしたのです。

まずはお母さんから、いろいろ事情を伺って、それから女の子本人からも話を聞いてみました。

といっても、たいしていろいろ話すわけでもありません。

そこで私は、女の子のエネルギー状態をチェックしたり、たわいもない話をしてみました。そしてわかってきたことがありました。

その女の子は、とにかく自分のことがきらいなのです。それも、きらいできらいで仕方がない、というほどだったのです。

「なんでそんなにきらいなの?」と言ったところで、「きらいだから仕方がない」と言うばかり。

実際、きらいなものを好きになれと言われたって、確かに無理なものですよね。

私はエネルギーの調整をしてから、女の子に言いました。

「そうか、そんなに自分のことがきらいなんだね。よくわかったよ。でもね、これだけ一緒にやってもらえる？　別に感情込めなくていいし、ただマネするだけでいいからね」

私は腕を胸の前で交差させて、「自分のこと、だーい好き！」という、開運ポーズをして見せました。

女の子は、明らかに「何それ」といった感じです。

「じゃあ、次は一緒にやってね。マネするだけでいいよ、マネだけで」

私は念を押してから、今度は女の子と一緒に102ページでも紹介した開運ポーズをしました。

すると、そのとたん、女の子がゲラゲラ笑い出したのです。これには私もビックリしました。1年以上も笑ったことがないという女の子が、たったこれだけで大笑いしたのですから。

お母さんは、目の前で笑う自分の娘の姿に、うっすらと涙をうかべておいででした。

女の子が笑ったことによって、お母さんのエネルギー状態も改善されたのです。たった一度、開運ポーズをしただけでしたが、女の子は、その後、ずいぶん回復したようです。

ただ、この開運ポーズは、大人にしてもらうことはなかなかできません。講習会などではみなさんにやっていただくため、会場が大爆笑に包まれることはあるのですが、施術院でとなると、なかなか難しいようです。

ですので、大人の方の場合はエネルギーの調整を行っています。

患者さんの中には外科の先生もいます。2年間にわたってうつ病の薬を飲んでも治らないということで、私の施術院を訪れたのです。

私がエネルギーの調整をしていると「そんなんで治るんですか?」と言っていましたが、「気持ちが軽くなった」と言って帰って行かれました。近ごろでは精神科医の先生から、その施術についての相談を受けることさえあります。

心がクローズアップされている時代。

エネルギーの調整と心の関係についても、より多くの人が関心を寄せてくれればと思います。

Part 3

強運を引き寄せるために
知っておきたいこと

開運の作法

―上級編―

人間関係の「運」まで変えられる！

みなさんは、人間関係で悩まれ、自分は人間関係の運が悪い、などと考えてしまっていませんか。

もし、この部分が日常の作法で改善できるとしたら、人生を謳歌する上で、これ以上の幸せなことはない、ですよね。

私たちの住んでいる地球は、宇宙の太陽系といわれる中にあり、他の惑星と程よいバランスを保っているため、ぶつかり合うことなく、太陽の周りを公転しています。惑星と惑星の間の引力が保たれているため、お互いの動きを邪魔しない、ということはご存知のことかと思います。時々、隕石が近くを通過してヒヤッとすることはありますが。

この引力のバランスをたとえるとするならば、自分と家族、自分と会社、自分と友だち、夫婦間など、それぞれの間のエネルギーの流れのバランスと同じことが言えるのですが。

「人間関係には、程よいバランスが大切」ということを考えたことはありますか？

この間のバランスを、「間にあるエネルギーの流れ」ととらえてみると実に面白いことがわかってきます。

施術院の患者さんから「関係性の間のエネルギーの流れの調整＝間のエネルギー調整」を依頼されることがあります。

エネルギー調整をすることにより、患者さんは自分の運が変わることを実感されているため、いろいろな方にお越しいただいているのです。

依頼内容を挙げるとするならば、会社で上司や同僚との関係で悩んでいるビジネスマンや、彼氏が欲しいという素敵な女性、金運を上げて欲しい経営者の方など、さまざまな内容でご依頼をお受けします。

日常の作法と、間のエネルギーと、人間関係がどう関係があるの？

これまでお伝えしてきた作法にはエネルギーの流れがあり、自分を取り巻く周りのエネルギー状態をよくすることで人間関係を改善することができます。

人は、自分の行っている作法を見落としがちです。ちょっとした、きっかけがあると見

直すことができるのだと思います。

この本を読んだ今が、見直す機会なのかもしれません。

この「間のエネルギー調整」は、私にしかできないことではありません。

実は、みなさんもちょっとしたコツをつかみ、日常の作法と同じで、毎日の流れの中に組み込むことができるのです。

エネルギーという存在を、視点をかえて捉えるだけで、運を引き寄せ、そばにおいて置くことが可能なのです。そうすることにより、自分の思い通りの人生を進むことができるとしたら……。

それには、日常の作法からスタートし、自分の周りに流れるエネルギーの状態をよくすることからはじめてみませんか？

知らないうちに恨みを買わない

「金持ち喧嘩せず」という言葉があります。

喧嘩をしない、つまり、人から恨みを買うようなことをしない、ゆったりおだやかな人にお金が集まるという意味です。

お金持ちだから喧嘩しないのか、喧嘩しないからお金持ちなのか？　それは定かではありませんが、やはり、恨まれるような所作をしてしまう人には、お金が集まってこないようですね。

恨みなんて買いたくて買っているわけじゃない、と思うかも知れませんね。もちろん、自分から望んで買う人なんていません。でも、意識しないでやってしまった悪い行いが、恨みを買うことにつながってしまったのかもしれませんよ。

たとえば車のクラクション。クラクションというのは、警告ですから、よほどのときに鳴らすものです。

それを、ちょっとしたことで思い切り鳴らしていたら、歩いている人は不快になります。これでもう、恨みを買っていることになります。些細なことでクラクションを鳴らしてしまったときというのは、やっぱりイライラしていたときではありませんか？

また、最近増えているキャリーケースでのトラブルを例に考えてみましょう。

駅などでキャリーケースを持っている人を見ていると、自分の前は見えているのですが、後ろや横は見ていない人が多いように感じます。それで人にぶつけてしまうことが多いのです。ぶつけたことに気付いて「ごめんなさい」と言えれば、恨みを買うこともないのですが……。

ちょっとした気づかいができれば、知らないところで恨まれることもなく、喧嘩もしません。喧嘩をしなければ、一歩お金持ちに近づける、かもしれませんね。

開運の作法

喧嘩しない、恨みを買わない人にお金は集まる

独り占めしないことで運気は上がる

ライバルに勝つためにはどうすればいいか。それは、ライバルを応援することです。「そんなことしたら負けてしまうんじゃないの？」と、思いますよね。ところが、むしろ幸運がやってくるのです。これも宇宙の法則に従っている、とても当たり前なことです。

私にも経験があります。施術院には同業者の方がよくいらっしゃるのですが、かつての私は技術を隠そうとしたのです。ライバルに少しでも勝ちたかったんですね。

そんなある日、施術やサービスについての相談を受けたのです。少し迷いましたが、私なりにいろいろアドバイスをしました。そうしたら、不思議なもので、それ以来というもの、どんどん予約が入るようになっていったのです。同業者に喜ばれると、なぜか売り上げが増えたり、いいことが起きるというのは、成功者に共通する認識のようなんですね。

タイガー・ウッズが、ライバルがボールを打った際に「入れ！」と念じていることを知ったのも、ちょうどその頃のことでした。彼の成功の秘密がここにあると確信しました。

考えてみれば、嫉妬というネガティブな感情は、マイナスエネルギーそのものです。それでは、運気が上がって成功するわけがないんですね。

成功を独り占めせず、「共に成長しよう」くらいの大らかな気持ちで、ライバルを応援すると、いつの間にか運気が上がって成功するのは、あなたのほうですよ。

開運の作法

ライバルを応援したり、いい話を人に伝えると運気が上がる

また、人から聞いたちょっといい話、ネットの耳寄り情報、新聞で読んだ感動する話など、「いいな」と思ったら、どんどん人に伝えると、もっと入ってくるようになります。

逆に、自分だけ得をしようとして秘密にしてしまった人は、必ず運気を落としています。せっかくいいエネルギーが流れていたのに、せき止めて、流れなくなってしまったのです。

いい話が舞い込んだりしたときは、運気がいい流れに乗っているという証拠です。くれぐれもせき止めたりせず、知ったいい話は伝えるようにしましょう。

下心があっても、いいことを続けていると、本物の徳になる

陰徳とは、人には気づかれないようなところでよい行いをすることです。昔から、人前でよい行いをする陽徳よりも、ずっと徳の高いことだと言われてきました。

ほめられたり、人から認められたりなどといった見返りを求めていないわけですから、それはもう素晴らしいことにちがいありません。

だからといって、陽徳がだめかというと、まったくそんなことはありません。むしろ私は陽徳も、それはそれで同じくらい大切だと思っています。

東日本大震災のとき、有名人が高額の寄付を行ったことがきっかけで、その後も続々と高額寄付が集まりました。

ニュースにも取り上げられたくらいの陽徳ですが、多くの人が知ったことによって、「自分も寄付しよう」というように影響が広がりました。

「人気が上がるかもしれない」という下心のある人もいたと思いますが、下心があったと

しても、それはそれでいいのです。

最初は下心があったとしても、徳のある行いを続けているうちに、だんだん消えていってしまうのです。

私自身、募金をした月としなかった月の心境の変化と、実際の売り上げを比較してみました。するとと募金した月は売り上げがいいのです。だから最初は「これで売り上げが伸びるぞ」と下心満開で募金するのですが、どういうわけか、そのうちに募金することそのものが楽しくなってきてしまうのです。

行動し続けることによって、いつしか下心まで浄化されてしまったのです。

こうなると、陽徳から陰徳に変わり、本物の徳になります。

何もしないよりは、いいことは何でもやってみることが開運につながります。

開運の作法

いいことは何でもやってみよう

行動はゆっくり・ゆったり

成功している企業の社長や会長さんなどを見ていて、気づいたことがあります。話し方が、実にゆったりしています。それに、行動も、ゆっくりゆったりなんですね。

ビジネス界の大人物に限らず、世にカリスマと言われるような人は、たいてい「ゆっくり・ゆったり」です。

有名人ではなくても、運のいい人を観察してみると、やはり「ゆっくり・ゆったり」が特徴なんですね。

どうしてなのか、私は昆虫に当てはめて考えてみました。昆虫に置き換えるとは、なんたることかと我ながら思うのですが、これが驚くほど腑に落ちたのです。

子どもはもちろん大人まで夢中になるカブトムシやクワガタの特徴を思い出してみてください。動作がゆったり、ゆっくりしています。

それに対して、誰もがきらうゴキブリはどうでしょう!?

ガサガサ、ワサワサ、あの素早さです。やっつけようと思っても、思った瞬間こちらの心を読んでいるかのように、ササッと隠れてしまう。

これはいやなものですよ。きらわれて当然です。

「ゴキブリにたとえるなんて」と、叱られそうですが、やはり人間でもドタバタして落ち着かない人というのは、それだけで幸運を遠ざけてしまっているのです。

自分の近くにいる人が、常にワサワサ、バタバタやっていることを想像してみてください。なんだか落ち着かないし、ときには不愉快になることもあります。

相手に不愉快な思いをさせる作法。それは、もうおわかりですね。

走っているカリスマは見たことがありません。

開運のためには、行動は「ゆっくり・ゆったり」が決め手です。

開運の作法

ゆったりした話し方と動作が運を招く

見えない何かにご挨拶をする

私は、毎朝、起きると、まず守護神さまに「おはようございます」とご挨拶をします。家を出て、施術院に到着すると、ここでも柏手を打って、ご挨拶をします。

たったこれだけのことで、目には見えない何かに対して感謝する心が芽生えるから不思議です。

どの家にも、お仏壇や神棚があった時代は、ご先祖さまや守護神さまなど、見えないものにご挨拶し、日ごろの感謝を示すのは、ごく当たり前のことでした。

考えてみれば、これってすごいことです。

あるかどうかわからない、何をしてくれているのか目で見ることができないものに対して、毎日、朝晩ご挨拶をして、感謝を捧げていたのですから。

何かをいただいたとか、道に迷っていて親切にしてもらったとか、目に見えることであれば、誰でも感謝することができます。

それが現在は、すっかり忘れられてしまっています。目で見えることには感謝しても、目に見えないものに対しては、ほとんど無視(!?)といった状態です。

そのわりには「運気」という目に見えないものを、神社やお寺に行っては「なんとかよくなりますように」と願っているのですから不思議ですね。

運気は見えなければ、形もありません。それがよくなるようにと願うのなら、やっぱりふだんから感謝の気持ちを抱いていたいものですよね。

神棚やお仏壇がなくてもいいのです。毎朝、柏手を打ったり、手を合わせたりして、「今日もよろしくお願いいたします」とご挨拶をしましょう。

知らないうちに、目に見えない何かに対して感謝する心構えができていきます。

開運の作法

大切なものは目に見えない。常に感謝する心が大切

自分だけのパワースポットを見つける

パワースポットと聞くと、どのようなイメージをしますか？　今は雑誌などでも特集が組まれるほど人気が高く、多くの方が足を運んでいらっしゃいますね。

思いがけないところで言えば、千葉県にある「舞浜駅」です。あそこのエネルギーレベルは、ハンパじゃありません。なんといっても東京ディズニーランドに直結している駅です。駅を利用する人は、誰もがウキウキ・ワクワクで、満面の笑みを浮かべている人も少なくありません。

では、東京ディズニーランドはどうでしょう。当然ながら、ものすごいパワースポットです。幸せを感じている人であふれ、プラスのエネルギーが充満している場所です。

実は東京ディズニーランドは、私のパワースポットなんです。今でも年に一度は、家族で必ず遊びに行きます。

これも例のごとく統計があります。施術院を開設してから4～5年は、食べていくのがやっとの状態でした。ところが、1年間のうちで、なぜか売り上げのいい月があるのです。

同じようにやっているのに、なぜだろうかと私は考えました。

すると、**売り上げのいい月は、必ず東京ディズニーランドに遊びに行っていたことがわかったのです。**考えてみれば、東京ディズニーランドに行くときと、帰ってくるときの自分の気持ちが、明らかに違っていました。ひとことで言えば「よし、がんばるぞ！」という気持ちでいっぱいだったのです。

神社に限らず、「あの店に行くと、なぜか気分がいいし、いいことが起きる」というようなことがあります。それはあなたにとってのパワースポットということです。

こうしたことに気づくことが大事ですね。

ぜひ、自分だけのパワースポットを見つけるようにしてください。

開運の作法

なぜか気分がいい場所。それがあなたのパワースポット

土地の神様に感謝して喜ばそう

私は、日本全国どこへ出張に出かけても、よほどの事情がない限り日帰りで自宅に帰ります。

もちろん、家族に会いたいという気持ちもあります。しかし実は、住んでいる土地の神さまに「わが家がいちばん！」と思っていることを伝えるためにそうしているのです。

「よい気、よいエネルギーが充満している土地」のことを「イヤシロチ」と呼び、その土地に住むと、健康で幸運に恵まれるとされています。私は、住む土地の神さまに感謝することで、誰でも自宅を「イヤシロチ」にすることができると考えているのです。

あるとき「不運なできごとが続いている」と相談してきた方がいました。

詳しく話を聞くと、どうも引っ越してからさまざまなトラブルが続いている様子です。

そこで私は「お家に帰ったら、どこでもいいので手を合わせて『ご挨拶が遅くなりました、○月○日からこちらに住まわせていただいています。どうぞよろしくお願いいたします』

と土地の神さまにご挨拶をしてください」とお伝えしました。

一般的に、土地を購入して家を建てるときは「地鎮祭」を行い、その土地の神さまに土地を使わせていただくご報告をします。ところが、建売住宅の場合、すでに完成した家を買うため「地鎮祭」が行われているかどうかわかりません。

私は、そこに不運なできごとの原因があるのではないかと考えたのです。

たとえ、今住んでいるのが、賃貸のアパートでもマンションでも、土地の神さまはいらっしゃいます。

「最高の家に住めて幸せです！」「おかげさまで安心して、毎日暮らしています」と、土地の神さまに感謝の気持ちを心の中で伝えましょう。

そうすることで、あらゆる局面で土地の神さまに応援してもらうことができるのです。

開運の作法

今、住んでいる土地の神さまに感謝しよう！

コラム

なぜ彼女は車椅子になったのか？

その患者さんが施術室に入ってきた瞬間、私はなぜか、その方の車椅子がとても気になりました。

車椅子を使用されている患者さんが、他にいなかったわけではありません。だから、車椅子が珍しいというわけでは、決してありません。

ですから、どうしてこんなに気になるのか、自分でも不思議でしかたありませんでした。

彼女は、半身不随の状態で、もうすでに歩くことができません。そのうえ、手術の後遺症なのか、とにかく全身の調子が悪いというのです。私はお話を伺いながら、折をみて、どうして車椅子になってしまったのか、そっと尋ねてみました。

その方は、数年前に交通事故に遭ってしまったということです。そのうえ、ありえないような医療ミスによって手術が失敗し、その結果、半身不随の状態になってしまったとのことでした。

事故の規模からしても、手術の難易度からしても、普通なら半身不随になどなりようもないものでした。それなのに、偶然、そんな不運が重なってしまったのです。

お話を伺った際、私の中で何かがひらめきました。そして、まったく無意識のうちに「交通事故に遭う前から障害者用のスペースに車を止めていませんでしたか?」と、問いかけていたのです。

答えは、その通りでした。スーパーに買い物に行くたびに、彼女は障害者用スペースに駐車していたのです。

神さまは、その方が堂々とそのスペースを使うことができるように、「お恵み」をくださった。願いを聞き届けてくださったのです。その結果が、車椅子だったわけです。

私はそのことをよくご説明したうえで、エネルギーの調整をさせていただきました。その結果、わずか1カ月で歩けるようになったのです。

自分の行動は、すべて所作であり、自分でつくった作法となってしまっていたのです。

思いもよらないできごとは、実は自分が引き寄せていた「運」ということなのです。

店員さんに丁寧に「ありがとう」と言おう

みなさんは、買い物をした品に不良品があった場合、どのようにお店に伝えていますか。

いわゆる「クレーマー」と呼ばれる、度が過ぎたクレームを付けてはいませんか。

クレーマーほどではなくても、お客さまぶった態度やもの言いは、ツキを落とす原因となるので、開運的にはおすすめできません。

人は自分が不利益を被るとどうしても感情的になりやすいものです。感情だけで相手に何かを求めるということは、開運の作法とは、ほど遠い行いですよね。

開運のためには、お客さまとしてお店の人に「お礼」を言うことです。

レストランで食事をしたり、お店で何かを買ったりしたときなど、お店の人は、当然ですが「ありがとうございます」と言ってくれます。

食事に来てくださってありがとう、買ってくれてありがとう、という意味の「ありがとう」ですね。

開運の作法

お客さまも「ありがとう」を習慣に

では、お客さまのほうの「ありがとう」は、どんな意味でしょうか?

「おいしいお食事をありがとう」「いいものを買わせてもらってありがとう」という「ありがとう」です。

お店の人も「いいお客さまに買っていただいた」と、とても気分がよさそうです。そんなお客さまには、サービスしたくなるだろうと思います。

「ありがとう」という言葉は、本当に素晴らしい言葉です。

「お客さまなんだから言われるのが当たり前」ではなく、「お客さまとしてのありがとう」を気持ちよく伝えるようにしましょう。

「おかげさまで」を口ぐせにしよう

「おかげさま」というのは、実にいい言葉です。

日本の神さま、天照大神は、「この世のすべてをあまねく照らすあまてらす」というわけで、天照大神です。

照らされているものには、当然ながら影ができます。足元に何気なく目をやれば、晴れている日なら、そこに影ができていますね。

影ができるということは、「照らされている」ということに他なりません。

照らされていることに感謝、影ができていることに感謝、というわけで、感謝を表す言葉として「おかげさま」というわけなのです。

実際に使ってみると、「おかげさま」という言葉は、実に上品です。

うちの近所にも、バイオリン教室の先生をされている上品な奥様がいらっしゃるのですが、その方がよく「おかげさまで」とおっしゃるのです。すると、そのお子さんたちも、ごく自然に「おかげさまで」と言うんですね。これが実に気持ちがいいのです。

それに、「おかげさま」という言葉は、いろんな解釈ができるようになっています。

「お元気そうですね」「おかげさまで」

「お忙しそうですね」「おかげさまで」

「いつもお若くてきれいですね」「おかげさまで」(!?)

まあ、「きれいですね」と言われたら、謙遜して「それほどでも」と答えると思いますが、素直に「ありがとうございます。お世辞でもうれしいわ」と、伝えてもいいのかもしれませんね。

いずれにしても、感謝の気持ちを内包した「おかげさまで」は、相手の心も和ませる非常にいい言葉なので、どんどん使ってみたいものです。

開運の作法

「おかげさまで」は幸運を引き寄せる言葉

頼まれたら「ハイ、喜んで！」

現在、私は施術院の他に、セミナーなどで講師としてお話しする機会をたくさんいただいています。

それは、私がエネルギーと出会うきっかけとなったパーフェクトハーモニーの方から、「大阪の講習会で話してみませんか」とお誘いを受けたことからはじまりました。

それまで、講師の経験など一度もなく、普通なら、尻込みしてしまいそうですが、私は思いきってこう言ったのです。

「ハイ、喜んでさせていただきます！」

それ以来、年に何度もあちこちで話をさせていただけるようにまでなりました。

思いがけないオファーや仕事の依頼などがあった場合は、特別な事情がない限り、喜んでお受けするのが運気を上げるコツです。

そう、まさに「ハイ、喜んで！」なのです。それがチャンスを生かすということなんですね。

自分はチャンスに恵まれていないと思っている人は、案外、多いようですが、そんな人に限って「自分にはとてもムリ」「責任を負えそうにない」などと臆して断ってしまうものです。

受ける場合も、悩みに悩んだあげく、「じゃあ、やってみます……」と、勢いがない。

これでは、頼んだ側としては、なんだか不安になりますし、イヤイヤながら承諾したと受けとめられてしまうこともあるかもしれません。

どうせやるなら、喜んでやりましょう！

ちなみに、ボランティアなどをする際は、「してやる」という意識は最悪で、たちまち運気を下げてしまいます。

「させていただく」という気持ちで向かうと、必ずよい運気となって還ってきます。

開運の作法

「ハイ、喜んで！」が幸運を運ぶ

供養より施行。生きている人を大切にしよう

景気が悪くなると、神社仏閣にお参りしたり、ご先祖さまのお墓参りに行く人が増えます。困ったときの神頼みで、「少しでも神さま仏さまに助けてもらえるよう、お参りをしなくちゃ」ということなのでしょうね。

もちろん、ご先祖の供養は大切ですし、いいことに他なりません。

ですが、もっと大切なのは、供養ではなく施行なんです。

施行とは、生きている人に対して行うことです。お墓参りも大切だけれど、実は、生きている人のほうがもっと大切なのです。生きている人ばかり大切にするからといって、ご先祖さまは怒ったりしません。

あなたの親御さんは、ご先祖さまにとっては子どもや孫にあたるはずです。自分の子や孫を大切にされて、怒るわけがありませんね。むしろ、自分のことを大切にしてくれるよりも、ずっと喜んでくれるはずです。

開運の作法

生きている人を大切にすることが、ご先祖さまの供養にもなる

よく、「生きているうちに親孝行しましょう」なんて言いますね。でも、実は「生きているうち」ではなく、「元気なうちに」親孝行するのが大切なんです。 そうじゃないと、ちょっと言葉は悪いのですが、ころっと逝ってくれなくなるのです。

ということは、介護をさせられてしまうようになるのです。

長患いをしたり、認知症になったり、介護が必要になってしまうのは、元気なうちに親孝行をしなかったために、親孝行せざるをえない状況を与えられてしまうからです。

親御さんが元気なうちに、旅行に連れて行ってあげたり、何かにつけ遊びに行ってあげたりすれば、現在の深刻な介護問題は、ほとんどなくなるのではないかと思っているほどです。

親に限らず、兄弟姉妹や子ども、友人など、今、生きている人を大切にしましょう。そのほうがご先祖さまからのご利益をいただけます。

数えたモノが増える法則

以前に、私の運営する施術院では、近況やちょっとした役立つ情報などを盛り込んだニュースレターを患者さんに送っていました。

ニュースレターを定期的に送付することで、気にかけていただき人間関係が生まれる。その結果、お客さんのロイヤルティが高まってファンになってもらえると学んだからです。

私は、まずお客さんのリストの中からしばらく来院していない方を選び、ニュースレターを送りはじめました。すると、当院を思い出してくださった患者さんがポツリ、ポツリと来院されるようになり、ニュースレターはうまくいったように思えました。

ところが、しばらくすると、患者さんの数は少しずつ減少しはじめました。

「ニュースレターを出しているのに、なぜだろう?」と考えた私は、「そうだ、私は縁が切れた人にばかりアプローチしていた」ということに気づいたのです。

来なくなった人を数え、そちらに意識を向けていると「来なくなる人」がどんどん増えていきます。

しかし**「新しく来てくださった方」を気にかけるようにし、ご縁ができた方に向けて手書きのお礼状を書くように変えたら、再びじわりじわりと患者さんが増えはじめたのです。**

宇宙には、こうして意識を向けて「数えたモノが増える法則」があります。

誰でも一日の間には、いいこともよくないことも起こるでしょう。

でも、そこで「電車の中で足を踏まれた」「信号待ちが長かった」と、イヤなことを数えてばかりいては、不運なできごとが増えて一日を埋め尽くします。

「コンビニの店員さんの笑顔がよかった」「かわいい野良ネコに会えた」と、意識していいことを数えるようにしましょう。

そうすることで、本当に楽しく幸せなできごとばかり起こるようになるのです。

開運の作法

楽しいこと、幸せなことを数えてみよう

人からされていることは、知らない間に、人にしていることかも？

開運の作法のひとつに「トライアングルの法則」があります。

これはどういうことか、例をあげてご説明しましょう。

Aさんは「知り合いにお金を貸したら、返してくれない」と悩んでいました。

何度も連絡をしたりまわりから伝えてもらったりしても、なしのつぶて。

「どうしたらいいでしょう」というAさんに、私は「あなたは、他の人に借りっぱなしのものはないですか？」と尋ねました。

すると、しばらく考えたあと、思い当たることがあったようで、Aさんはちょっと恥ずかしそうに「ありました」と答えてくれたのです。

つまり、BさんがAさんにお金を返してくれないのは、AさんがCさんに借りっぱなしだったからなのです。

Aさんが発する「借りっぱなし」のエネルギーは、直接Cさんからではなく、Bさんという第三者から戻ってくる。それが「トライアングルの法則」です。

そこで私は、Aさんが長い間、ものを借りっぱなしのCさんに、まず「借りっぱなしでごめんなさい。できるだけ早く返しますね」と気持ちを込めた意識を送ってくださいとお願いしました。

するとどうでしょう。何と、数日もしないうちにAさんから「Bさんからお金を返してもらいました!」と報告をいただいたのです。

もしあなたが今、人との関係で何か悩んでいるとしたら、同じことを自分が他の人にしていないか振り返ってみましょう。

思い当たることがあったら、まず自分の心がけを変えてみましょう。

それだけで驚くほど状況が変化するのが実感できるはずです。

開運の作法

「トライアングルの法則」を使えば、人間関係が変化する

済んだことは、みんないいこと

自分の身に起きたことは「すべていいこと」と思えるようになると、運気が強力にアップしはじめます。

私自身に起きたことで、例をあげてみましょう。

先ほどもお話をしましたが、私は以前、突発性難聴になり左耳の聴力がほとんどなくなってしまったことがあります。

突発性難聴は原因不明で治療が難しい病気です。

「担当の医師からも〝もう治らない〟と、さじを投げられてしまった」という事実だけとらえると「つらいできごと」「運に見放された」と思うかもしれません。

でも私は、このときに心配してくれた友人のアドバイスをきっかけに、エネルギーの存在を認識し、多くの人の治療に役立てるだけでなく、運までも改善するアドバイスができるようになったのです。

つまり、突発性難聴になったのは「いいこと」だったと考えることができます。順風満帆ですべてがうまくいっているときに、人生を変えようとする人はあまりいないでしょう。

一見「よくない」と思えることが、これまでの自分を見直し、新たに成長するきっかけになるのはよくあることです。

つまり「よくない」ことは、実は自分のために「いいこと」なのですから、あなたの身には「いいこと」しか起こらないということができます。

「済んだこと」だけではありません。「これから起こる」こともいいことばかり、そして、この私に悪いことなど起こるはずがない。私は、最近、そう信じています。

すると本当に、いいことしか起こらないように流れが変わっていくのです。

開運の作法

どんなできごとにもプラスの面を見つけよう

ご先祖さま、お先にどうぞ

日本では、以前は、ご先祖さまのご位牌を仏壇に飾る、仏間があるのが一般的でした。

しかし近年では、仏間はおろか、仏壇さえもないご家庭が増えています。

目に入るところにご先祖さまが祀られていないと、日常生活ではその存在をつい忘れがちになってしまいます。

でも、今のあなたがあるのも、ご先祖さまがおられたからこそ。

ご先祖さまに感謝する気持ちを持つことは、運気を変える大きなパワーとなります。

ただ、そうは言っても、現在の住まいでご先祖さまを祀るスペースをつくるのも難しいかもしれません。また、「毎日、お供え物をしなくては……」と考えて、負担に感じてしまっては、感謝の気持ちが薄れてしまいます。

ご先祖さまに対する感謝の気持ちを忘れないよう、誰にでもできるとてもカンタンな方法があります。

知り合いから、食事の前に「『ご先祖さま、どうぞお先にお召し上がりください』と心の中で唱えるといいよ」と教えていただきました。

それ以来私は、**「ご先祖さま、どうぞお先にお召し上がりください」と心の中で唱え、しばらく経ってから食事に手をつけるようにしています。**

実際にやってみていただくとわかるかと思いますが、ご先祖さまに先に召し上がっていただくと、食べものや飲みものの味が、ほんの少しですが変わります。

そう感じることができれば、ご先祖さまに見守っていただけていることが実感できるでしょう。

食事でも飲みものでも、どちらのタイミングでも構いません。

大切なのは、ご先祖さまの存在を日々感じ、感謝することなのです。

開運の作法

今ここにいるのはご先祖さまのおかげ。感謝の気持ちが運を開く

100万回の「ありがとう」

「ありがとう」は魔法の言葉です。一日に何度でも、感謝の気持ちを込めてお礼を宇宙に伝えると、与えた分だけあなたのもとに幸運となって返ってきます。

今はお亡くなりになりましたが、日本の実業家であり投資家でもあった竹田和平さんは、毎日3000回、年間で100万回以上の「ありがとう」を実践していたそうです。

私は7年前にこの話を聞き「おもしろそう」だからと「100万回のありがとうチャレンジ」をはじめました。

数えてみると、1分間におよそ50〜55回「ありがとう」と言うことができます。

つまり、1分に50回言うとして、60分言えば3000回になる計算です。

一度に60分間、連続しなくてもいいですし、声に出さなくても構いません。

私は、通勤で移動している間、散歩をしているとき、音楽を聴いているときなど、ストップウォッチで時間を計りながら、一日の合計で60分になるように心がけて「ありがとう」

を続けています。

さあ、そして1年目に100万回を達成したときに何が起こったか。

私はなぜか、無性に伊勢神宮にお参りに行きたくなったのです。

そして、参拝して帰ってくると、眉間が真っ赤にはれあがってしまいました。

2週間ほどすると収まったのですが、なぜ、伊勢神宮に行った次の日だったのか、不思議に思って翌月、もう一度お参りに行きました。

すると、なんとまた、同じ場所が同じようにはれあがってしまったのです。

悩んだあげく、詳しい友人に相談すると「それはご褒美だよ。第三の目だ。開くべきところが開いたんだね」と言われたのです。何が本当に起きたのは定かではありません。でも、それから私の身の回りは、よいことばかりが起きるようになったのです。

開運の作法

感謝が、すべてのいい運の起点だと知ろう

実践ワーク

開運・グラウンディング

運のいい人、ツイている人というのは、身体の心柱が非常に整った状態にあります。まっすぐ一本の線がつらぬかれている、そんな感じです。

心柱を整えることを、「グラウンディング」と言います。

グラウンディングができた状態でいると、運動のパフォーマンスも上がるうえ、心が安定してきます。「ブレない」という言葉がありますが、グラウンディングができていると、まさにブレないわけですね。

たとえば、柔道の金メダリストである谷亮子さん。「ヤワラちゃん」の愛称で呼ばれるようになってからは、本当に強くて、きっちり結果を出していました。

実は、ヤワラちゃんは試合の直前に、グラウンディングをしていたんです。

憶えている方がいらっしゃるかどうか、ヤワラちゃんは、試合前に必ずぴょんぴょん跳ねていたんですね。

まさに、これがグラウンディングの方法なのです。

何度かぴょんぴょん跳ねることによって、ブレない心、ブレない体が自然とつくりあげられ、好成績へとつながったというわけです。

グラウンディングをふだんから取り入れるためには、ヤワラちゃんのようにぴょんぴょんその場で跳んでみるといいですね。

跳ぶのに抵抗がある場合は、かかとを上下させるだけでも大丈夫です。つま先立ちになって、軽くかかとを打ち付けるようにする動作を、何度かくり返します。

これだけでもグラウンディングができます。

入試や面接など、「緊張しそうだな」というときには、ぜひグラウンディングをやってみてください。これだけでもエネルギーの流れが改善されます。

実践ワーク

欲しいものを引き寄せる「赤いゴム紐」

「赤い糸の伝説」は、運命の人を小指に結んだ赤い糸が引き寄せるというものです。

これに従って、赤い糸で何でも願い事を引き寄せてみましょう。と、思ったのですが、糸は切れやすい。しかも、引き寄せようとしたら、自分で引っ張らなければならないわけですから、時間もかかります。

そこで赤い糸を赤いゴムに変えてみました。

ゴムなら丈夫です。しかも伸縮性があるので、願い事をより早く引き寄せることができます。

実は、この方法で願い事を即座に叶えた患者さんが何人もいるのです。

その中のひとりは、あるファストフード店のおまけを欲しがっていました。おまけといえども、ご本人にとっては真剣です。かなりの大金をつぎ込んでいるのに、それが当たらないといって相談を受けました。

その方が赤いゴム紐の方法を行ってみたところ、なんとその日の夕方に、あれほど当たらなかったおまけを見事、手に入れたのです。さらに翌日、もう一度、買ってみたところ、またしても同じおまけが手に入りました。

他の患者さんからも、続々と赤いゴム紐の成果が報告されて、私も驚いた次第です。

さて、赤いゴム紐での引き寄せは次の通りです。

❶欲しいものをリアルにイメージします。願い事が叶った自分自身でもいいです。

❷次に、リアルにイメージした赤いゴム紐を自分の体や手首にくくりつけます。そのゴムを伸ばして、もう一端を欲しいものにしっかりと巻き付けます。

❸ゴム紐を自分の方に引っ張って、欲しいものを引き寄せるイメージをできるだけリアルに想像します。

ぜひ、あなたも試してみてください。

①

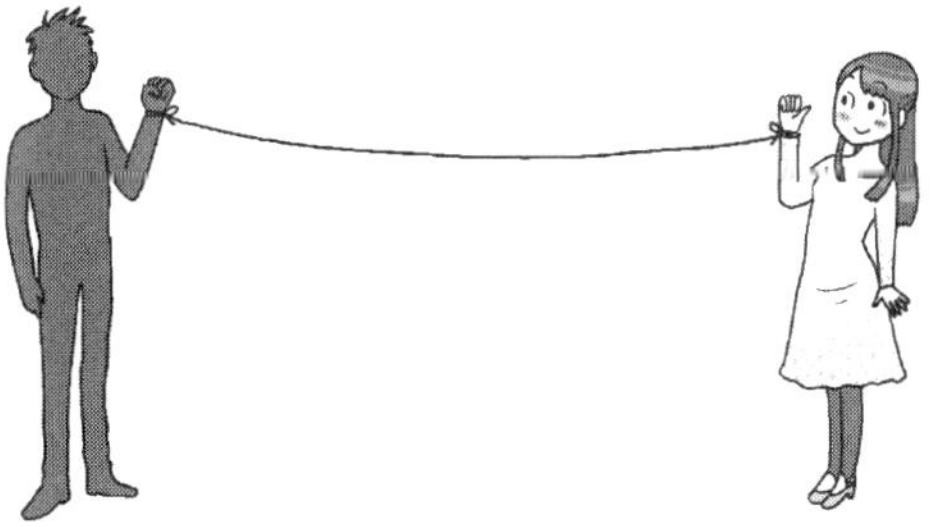

②

③

コラム

「赤いゴム紐」は彼氏も、結婚相手も、東大合格も引き寄せた

赤いゴム紐で欲しいものを手に入れるなんて、なんだか子どもだましのような話だと思われるかもしれません。

でも、その効力には、正直なところ私も驚いているのです。とにかく、赤いゴム紐で引き寄せに成功した人の割合は、実に8割以上にも達しているのです。

施術院でエネルギーの調整をしてからではありますが、それにしても反響がすごい。

ペットがいなくなって困っていた人は、赤いゴム紐をやってみたところ、その日のうちに帰ってきました。

「発売と同時に売り切れてしまうような人気グループのチケットが手に入った」

「海外旅行に10回は行けるくらいの宝くじが当たった」

などなど、喜びの報告が後を絶ちません。

「彼氏が欲しい」と話していた20代後半の女性が、7年ぶりに彼氏ができたという例もあ

ります。

その患者さんはマッサージ師で、運気アップのための施術ではなく、体調が悪くて来院されました。

施術をしている際に、「もう何年も彼氏ができなくて……」という話になったため、赤いゴム紐の話をしたというわけです。

「理想の人をイメージして、自分に巻き付いている赤いゴム紐のもう一方の端を、その人にぐるぐる巻き付けるようにしてみてくださいね」

そして、半年後。念願の彼氏ができたと、彼女から報告がありました。それどころか、結婚することになったというのです。しかも、婿養子として。

その女性は母一人子一人の母子家庭で、たいへんお母さん思いでした。結婚したら、お母さんは独りぼっちになってしまう。彼女はきっと、それがつらかったのでしょう。

それを、彼氏のほうから婿養子になることを希望してきたというのです。お母さんも、どれほど嬉しかったことか知れません。

お母さんと若い夫婦、そしていつかはお孫さんができて、三世代で幸せに暮らしている姿が目に浮かびます。

「彼氏が欲しい」、「結婚相手が見つからない」という女性は少なくないようですが、ぜひ、赤いゴム紐を試してみてください。

理想的な男性に赤いゴム紐を巻き付けてもいいですし、もし意中の人がいるならば、その人に巻き付けてみるのもいいですね。

また、「近ごろすれ違っているな」という交際中のカップルや夫婦なども、相手に赤いゴム紐を巻いて引き寄せると、関係が改善されます。

年明けから入試シーズンになると、合格をするためのエネルギー調整の依頼が増えるのですが、その際も赤いゴム紐をやっていただいています。

まず、お子さん自身が自分に赤いゴム紐を巻き付けて、それを志望校に巻き付けて、ぐっと引き寄せるのです。

これまでこの方法で合格したお子さんは、実に8割。中には東大医学部に一発合格、東北大学医学部にストレート、という例もあります。

入試ということに関しては、次のようなアドバイスもしています。

まず「オーラマーキング」ということをしていただきます。

これは試験の前に入りたい学校に行って、校舎や壁、机や椅子など、触れるだけ触ってくるのです。

これは「自分の気配を残してくる」ということになります。自分の気配があるというだけで、当日の緊張感が少し緩和されるようになります。

そして受験当日は、テストの前に必ずグラウンディングをすること。もし休み時間にグラウンディングをするのを忘れてしまったら、手と手を合わせること、つまり正中を通すようにします。

たったこれだけでもエネルギー状態が改善されて、落ち着いて試験に取り組むことができるのです。

赤いゴム紐はさまざまなシーンで試され、みなさん、幸せという運をご自身で引き寄せていらっしゃいます。

運は身近にあるけれど、待っていてはつかむことができないもの。ちょっとした行動が開運へと導いてくれるのです。

おわりに～周りの人の運気をアップさせると、あなたの運気もアップする～

運がよくなる作法を47種類、ご紹介しました。

実際にやってみたくなった開運の作法はありましたか？

気になった作法からひとつずつ、毎日の生活に取り入れていただけたらうれしいです。


すでに述べましたが、突発性難聴を発症したことが私が「運」の研究をはじめるきっかけになりました。その「運」の研究の羅針盤になってくれたのが、エネルギーの存在です。

エネルギーを知るきっかけを私にくれたパーフェクトハーモニーで、現在私は副代表という役目をいただき、セミナーで多くの方に運のよくなる方法や、エネルギーの活用法をお教えしています。

あなたはエネルギーを自分で操ることができたら面白いと思いませんか？

自分でエネルギーを流したり、使ったりする能力は、誰もが持つことができるのです。私は施術家としてエネルギーを患者さんの施術に使ったり、運気アップの技術にも使っていますが、みなさんも同じように使うことができるのです。

自分でエネルギーを使う能力を身に付けられれば、自分に対してプラスのエネルギーを流し、自分のエネルギー状態をよくすることができます。

またエネルギーは自分のためだけに使うものではありません。それではもったいないので、あなただけではなく、自分の子どもたち、ご両親など、周りの方にも使ってください。周りの人にプラスのエネルギーを流すことにより、相手にも喜ばれ、それが結果としてプラスのエネルギーとして自分に返ってくることで、自分の運気もアップします。

そして、いろんなものにも溜まるマイナスエネルギーを取ることによって、ものは長持ちします。

さらに、本書で紹介した実践ワークなどは、もちろんそのままでも効果は十分にあるのですが、エネルギーを使う能力を得ることによって結果がよりはっきり出るようになります。

どうですか？　わくわくしませんか？

エネルギーに興味を持たれた方や、エネルギーを自分でも使ってみたいと思いましたら、一度パーフェクトハーモニーのWEBサイトを覗いてみてください。

また、私が講演者を務めるセミナーでは、本書に書ききれなかった「開運の作法」やエネルギーの使い方をお伝えしていますので、ぜひセミナーの情報を確認してみてください。

私も多くの方に教えることによって、自分によいエネルギーが流れ、運気がアップしていきますので、こんな楽しいことはありません。

本書が、あなたの人生に運をもたらし、そして幸せを運んでくる存在になることを願っています。そして、この本がご縁となり、いつかどこかであなたとお会いできたとしたら、最高に幸せです。

２０２０年７月

清水祐尭

「開運の香り付きカード」の活用法

香りが運を招くことを知っていましたか?

香りと聞くと「ハーブ系の香りはリラックス効果がある」とか「フェロモンは異性を引き寄せる」ということを思い浮かべる方もいることでしょう。実は香りにもエネルギーの作用というものがあり、日常のなかでいろんな活躍をしています。

さまざまな香りをエネルギーで調べたところ、このたび運がよくなる香りを発見しました。この本を手にしていただいたみなさまに、「開運の作法」だけでなく「開運の香り」でも運を開いていただきたいと考え、この「開運の香り付きカード」をつくり、本書の特典としました。

香り自体にエネルギーを封入した特別なカードです。バッグや財布に入れて携帯したり、もしくは就寝時の枕元に置いたり、カードの使い方は自由です。

なお、香りが消えてしまうと、開運の効果もなくなります。香りが消えてなくなってしまわないうちに、「開運の香り」をぜひお試しください。

※本書は2013年に刊行した『開運の作法』に新たな作法を追加した改訂版です。

人生《じんせい》が変《か》わる！ 開運《かいうん》の作法《さほう》

2020年9月2日　初版第1刷

著　者――――――清水祐尭《しみずゆたか》
発行者――――――坂本桂一
発行所――――――現代書林
〒162-0053　東京都新宿区原町3-61　桂ビル
TEL／代表　03(3205)8384
振替00140-7-42905
http://www.gendaishorin.co.jp/

カバー・本文デザイン―坂川朱音（朱猫堂）
イラスト――――――横ヨウコ

印刷・製本　広研印刷㈱
乱丁・落丁本はお取り替えいたします。
定価はカバーに表示してあります。

ISBN978-4-7745-1858-9　C0077

Lucky Aroma